Alex S. Rusch
Mehr ist möglich!

Alex S. Rusch

Mehr ist möglich!

27 bahnbrechende Strategien für den
durchschlagenden geschäftlichen Erfolg

AUFSTEIGER
VERLAG

Die Deutsche Bibliothek – CIP-Einheitsaufnahme

Rusch, Alex S.
Mehr ist möglich: 27 bahnbrechende Strategien für den durchschlagenden geschäftlichen Erfolg. – Alex S. Rusch
Lenzburg, Schweiz: Aufsteiger-Verlag, 2010
ISBN 978-3-905844-33-7

Web-Adresse des Verlages:
http://www.aufsteiger.ch

Web-Adresse des Autors:
http://www.alexrusch.com

Inhalt

Nutzungstipps

Mit diesem Werk beschreiten wir neue Wege: Wir bringen es nämlich in einem Set gleichzeitig als Hörbuch und als Buch heraus. Dafür gibt es gute Gründe. Sie können sich beispielsweise zunächst das Hörbuch ein- oder zweimal anhören, etwa im Auto oder beim Fitnesstraining. Danach lesen Sie das Buch, markieren sich darin die für Sie wichtigsten Abschnitte und füllen die Umsetzungslisten aus. Und vielleicht schreiben Sie sich auch noch in Stichworten ein paar Gedanken in das Buch, die Ihnen einfallen.

Das Buch besteht ja mit Absicht aus kurzen Kapiteln, die Sie zum Beispiel im Laufe eines Monats nach und nach vor dem Einschlafen lesen können.

So bringt Ihnen dieser sehr inhaltsreiche Ratgeber besonders viel Nutzen. Und danach wird es auch für Sie heissen: *Mehr ist möglich* – ja, sogar deutlich mehr!

Meine Umsetzungspunkte

- _____

- _____

- _____

- _____

- _____

- _____

- _____

- _____

- _____

- _____

Meine Umsetzungspunkte

- _____

- _____

- _____

- _____

- _____

- _____

- _____

- _____

- _____

- _____

Meine Umsetzungspunkte

- _____

- _____

- _____

- _____

- _____

- _____

- _____

- _____

- _____

- _____

Meine Top10 Umsetzungspunkte

1. _____

2. _____

3. _____

4. _____

5. _____

6. _____

7. _____

8. _____

9. _____

10. _____

Einleitung

.

Dieses Werk ist für mich eine Premiere: Ich habe für Sie ein Hörbuch und zugleich ein Buch geschrieben und präsentiere Ihnen beides zusammen als Set.

Von mir sind, wie Sie vielleicht wissen, bereits zwei Bücher, mehrere Hörbücher, DVDs und einige sehr hochwertige und begehrte Erfolgspakete erschienen. Nun werden Sie sich vielleicht fragen, warum ich denn als Hörbuchverleger ein Buch herausbringe. Nun, ich bin zwar uneingeschränkt der Meinung, dass ein wirklich gut produziertes Hörbuch, das man sich gerne anhört, einem gedruckten Buch überlegen ist, weil man für seine »Lektüre«, also zu seiner Rezeption und Verinnerlichung, die ungenutzte Zeit beim Auto- oder Bahnfahren, beim Fitnesstraining, bei der Hausarbeit oder beim Relaxen sinnvoll verwenden kann. Das ist auch der Grund, warum ich meinen ursprünglichen Plan, nur ein Buch zu schreiben, geändert habe und nun stattdessen eine Kombination von Buch und Hörbuch herausbringe.

Zu den unbestreitbaren Vorteilen von Büchern zählt auch ihre breiter gefächerte Rezeption:

- Nach wie vor gibt es mehr Menschen, die Bücher lesen, anstatt von Hörbüchern Gebrauch zu machen, da sie deren besondere Vorzüge noch nicht erkannt haben. Ein Buch findet also eine grössere Verbreitung. In Amerika galt einmal bei der Audiobook Publishers Association die Faustregel, dass eine Hörbuchauflage etwa zwölf Prozent der entsprechenden Buchauflage betrage. Wenn also von einem Buch 100 000 Exemplare der gedruckten Ausgabe abgesetzt werden, dann werden von der Hörbuchausgabe dieses Werkes nur 12 000 Exemplare verkauft. Das ist zwar nicht immer so, aber im Durchschnitt stimmt es.

- Ein Buch bietet Interessenten die Möglichkeit, mich und meine Kernbotschaften kennenzulernen und sich damit eingehender zu befassen, ohne gleich ein ganzes »Erfolgspaket« kaufen oder ein Seminar buchen zu müssen.

- Ein Buch kann man als Autor signieren, was besonders Seminarteilnehmer sehr schätzen.

- Man kann in einem Buch wichtige Passagen mit Blei- oder Leuchtstift markieren, man kann sich Notizen am Seitenrand machen und sogar auf den letzten Seiten oder dem Vorsatzpapier des Buches gleich die wichtigsten Punkte notieren, die man in die Tat umsetzen will.

- In einem Buch kann man später ganz gezielt bestimmte Passagen zur Vertiefung nachlesen. Das ist wohl auch der Grund, warum sich manche Benutzer von besonders guten Hörbüchern anschliessend noch die Buchausgabe des betreffenden Werkes kaufen. Auch ich mache das manchmal. Das hat uns übrigens dazu bewogen, nahezu allen Alex-Rusch-Erfolgspaketen das Skript zum darin enthaltenen Hörbuch in gedruckter Form beizulegen.

Mit diesem neuen Buch und Hörbuch verfolge ich nun die beiden anschliessend genannten Hauptziele:

- Ich möchte einerseits meinen Seminarteilnehmern, Käufern und Benutzern von Erfolgspaketen,»Inner Circle«- und»Round Table«-Mitgliedern, die in den meisten Fällen Unternehmer, Selbstständige oder Führungskräfte sind, eine Art Checkliste mit 27 ganz entscheidenden Strategien an die Hand geben. Das sind Strategien, die schon in meinen Erfolgspaketen in der einen oder anderen Form dargestellt sind und die hier sozusagen im»Überblick« präsentiert werden. So werden die Anwender meiner Strategien hier damit nochmals in einer anderen Form, mit anderen Worten und anderen Praxisbeispielen konfrontiert und können überprüfen, welche Strategien sie bereits erfolgreich anwenden oder wo Handlungsbedarf besteht oder noch mehr unternommen werden müsste.

- Und andererseits bietet dieses Werk auch solchen Kunden, die bisher noch nie ein Alex-Rusch-Erfolgspaket gekauft oder ein Seminar von mir besucht haben, die Möglichkeit, für wenig Geld 27 entscheidende Strategien für den geschäftlichen Erfolg kennenzulernen.

Viele Autoren von Managementbüchern sind Fachwissenschaftler oder Journalisten, die zwar über das theoretische Wissen verfügen, denen aber der Praxisbezug fehlt. Daneben gibt es auch Verfasser von Managementbüchern, die aus Konzernen und anderen Grossunternehmen kommen und deren Wissen deshalb leider für Inhaber oder Geschäftsführer kleiner oder mittelgrosser Firmen nur bedingt anwendbar ist.

Meine Kunden und Klienten schätzen an mir besonders, dass ich ein Mann der Praxis bin: jemand, der die Strategien, die er lehrt, auch selbst anwendet. Dabei lasse ich über die verschiedenen Publikationsorgane der Rusch-Firmengruppe – wie unsere E-Mailings, den Rusch-Podcast, Rusch-TV, Twitter sowie unsere Blogs – die Öffentlichkeit an all dem teilhaben, was wir unternehmen. Es gefällt unseren Kunden, verfolgen zu können, dass und wie wir diese Strategien in die Praxis umsetzen. Ich bin davon überzeugt, dass das einer der Gründe ist, warum meine Weiterbildungsprodukte so gefragt sind. Der Seminarteilnehmer Markus Söllner aus Bayreuth in Deutschland hat es wie folgt ausgedrückt:

»Der Referent hat die Sache selbst erlebt und wendet sie auch an. Kein Dampfplauderer wie andere Referenten, die nur schulen, aber die Sache selbst nicht tun. Vielen Dank!«

Ich bin seit 1994 Unternehmer. Mir gehören mehrere Firmen. Ausserdem gewann ich durch meine Consulting-Tätigkeit Einblick in zahlreiche andere Unternehmen. Ich habe vieles erlebt, gesehen und gehört. Von mir erhalten Sie Wissen, dass sich umsetzen lässt und das zu Resultaten führt.

Wer noch nie ein Alex-Rusch-Hörbuch oder -Erfolgspaket gekauft und auch noch nie ein Alex-Rusch-Seminar besucht hat, erlebt hier vielleicht eine Art »Kulturschock«. Ja, das kommt tatsächlich ab und zu vor. Aber spätestens nachdem jemand die ersten Erfolge durch das Anwenden meiner Strategien erzielt hat, wird auch er zu einem Stammkunden – ja, sogar zu einem richtigen »Fan« meiner Produkte und Dienstleistungen. Das sehe ich immer wieder, wenn ich die Liste mit den Namen der Käufer meiner Erfolgspakete in unserer EDV durchscrolle. Wer ein Erfolgspaket von mir kauft, kauft oft schon eine oder zwei Wochen später ein weiteres Erfolgspaket. Das und natürlich die vielen positiven Feedbacks, die wir schriftlich und telefonisch erhalten, bestätigen uns täglich, dass wir den Kunden viel wertvolles Erfolgswissen bieten, das in der Praxis zu Resultaten führt.

Der Teilnehmer Stefan Gut aus St. Gallen schrieb:

»Alex S. Rusch hat mehr Inhalte zu bieten als andere Seminartrainer.«

Genau das ist stets mein Ziel in allen Seminaren, die ich veranstalte, und bei den Weiterbildungsprodukten, die ich publiziere und vertreibe. Ich möchte, dass Sie – meine Hörer, meine Leser, meine Kunden – enorm viel lernen und dass Sie regelrecht davon gefesselt werden. Auch dieses Hörbuch und Buch ist vollgepackt mit Erfolgswissen. Mein Ziel war es, Ihnen hier einen grossen Lerngewinn zu bieten. Für viele ist das vielleicht die erste Begegnung mit dem von mir vermittelten Erfolgswissen. Ich möchte Sie begeistern und Ihnen beweisen, dass meine Verlagsprodukte Ihnen zum Erfolg verhelfen. Im ersten Moment können die vielen Tipps und Anregungen vielleicht verwirrend oder überwältigend wirken. Ich empfehle Ihnen deshalb, sich das Hörbuch mehrmals anzuhören.

Für die zehn Prozent unter Ihnen (so viele sind es meistens), die noch Zweifel hegen, lautet mein Tipp: Hören Sie sich dieses Hörbuch urteilsfrei und vollständig an. Vielleicht sogar mehrmals. Und schreiben Sie sich dann einige Umsetzungspunkte auf, die Sie zur Anwendung bringen wollen. Ich bin ziemlich sicher, dass Sie am Schluss zu einem ähnlichen Urteil kommen wie unser ehemaliger Seminarteilnehmer Wolfgang Bauer aus Kernen/Deutschland, der schrieb:

»Als Skeptiker gekommen, als Überzeugter gegangen.«

Wie Sie merken, lasse ich gerne ab und zu Kunden zu Wort kommen. Das sind authentische Einschätzungen ganz normaler zahlender Teilnehmer. Deren Urteile sagen viel mehr als mein Eigenlob über unsere tollen Seminare und grossartigen Weiterbildungsprodukte aus. Deshalb finden Sie auch auf unseren Websites oft Video-Statements von Kunden.

Wie immer stelle ich hohe Ansprüche an Inhalt, Umsetzbarkeit und Qualität eines von mir geschriebenen Buches. Das hielt mich jedoch nicht davon ab, das gesamte Skript innerhalb von knapp drei Monaten – vor allem während einiger besonders kreativer Tage auf Mallorca und Teneriffa – zu verfassen, denn schliesslich wende ich den von mir empfohlenen »Erfolgsfaktor Geschwindigkeit« auch selbst an. Einen Vorteil habe ich dabei: Das Wissen, die Kenntnisse, die praktischen Erfahrungen – all das trage ich abrufbereit in mir. Das ist ja *mein* Thema, mit dem ich mich seit über 20 Jahren beschäftige. Nun muss ich es nur zu Papier bringen, mit guten Beispielen illustrieren und alles in einer übersichtlichen Struktur ordnen.

Sie werden es merken – in jedem einzelnen Abschnitt steckt ein Lerngewinn, selbst wenn ich erzähle, wie zügig ich dieses Skript schrieb. Also zum Beispiel: den »Erfolgsfaktor Geschwindigkeit« nutzen, ein klares Endziel vor Augen haben, in einer tollen Umgebung arbeiten. Ich lebe eben dieses Wissen Tag für Tag – Stunde für Stunde. Sie werden es hoffentlich auch bald können!

Hier möchte ich noch einen ganz wichtigen Hinweis für die Hörer oder Leser anbringen, die schon alles zu wissen glauben. Ich begegne solchen Menschen in jedem Seminar und finde sie in jeder Erfolgspaket-Kundenliste. Eine solche Denkweise wirkt sich extrem blockierend aus. Sie verhindert, dass man genauer hinhört und neue Anregungen auf- und in Angriff nimmt.

21

Denken Sie an Spitzensportler. Ein professioneller Tennisspieler weiss auch, wie er den Arm und den Körper zu bewegen hat. Trotzdem muss er täglich trainieren. Ebenso ist es mit der Anwendung von Erfolgsprinzipien. Viele Strategien haben Sie vielleicht schon gehört, setzen sie aber gar nicht oder nur zum Teil ein. Und zu manchen Strategien fehlen Ihnen noch gewisse Teilinformationen, oder Sie haben noch nicht den Zugang gefunden. Die 27 Strategien dieses Hörbuchs und Buches sind deshalb auch, wie vorhin gesagt, wie eine Art Checkliste für Sie.

Einer meiner Consulting-Kunden, der für einen Tag des Durchbruchs zu mir nach Teneriffa kam, während ich dieses Buch schrieb, verdient jedes Jahr Millionen. Und trotzdem hat er mich gebucht. Warum? Weil er fortwährend sein Wissen erweitert. Von mir hat er sich vor allem Kenntnisse im Webmarketing und generell im Marketing geholt sowie Ideen, wie er die richtigen Mitarbeiter für seine grossen Ziele gewinnt. Er packt es richtig an. Im Übrigen macht es ja richtig Spass, sich weiterzuentwickeln und Neues zu lernen.

Hören Sie sich also unbedingt das ganze Hörbuch an. Es hat wirklich sehr viel zu bieten. Denken Sie nicht, dass Sie eine bestimmte Strategie schon kennen und nun einfach überspringen können. Wiederholung ist auch wichtig. Zudem werden Sie auch immer wieder neue Aspekte einer bestimmten Strategie kennenlernen. Und so werden Sie zu einer konsequenten Umsetzung inspiriert.

Das Alex Rusch Institut hat seit Kurzem einen neuen Slogan. Er lautet:

Für alle, die es wirklich ernst meinen mit ihrem geschäftlichen und persönlichen Erfolg.

Mit diesem Slogan möchte ich ein klares Signal aussenden. Ich will Menschen anziehen und ansprechen, denen es wirklich ernst mit ihrem Erfolgsstreben ist und die entschlossen sind, etwas zu bewegen. Solche Menschen möchte ich in meinen Seminaren sehen, und solche Mitglieder möchte ich bei meinem »Inner Circle« oder »Round Table« haben.

Ich sage auch immer wieder in meinen Seminaren, dass dies keine »Wohlfühlseminare« seien. Bei mir geht es um praxiserprobte Inhalte und um eine schnelle und gekonnte Umsetzung. Und diese erfordert echten Einsatz.

Ich werde Ihnen nun 27 Strategien vorführen, die eine erstaunliche Wirkung für Sie entfalten werden, sofern Sie sich intensiv damit beschäftigen und das Gelernte in die Tat und in die Praxis umsetzen.

Eines dürfen Sie jedoch von mir nicht erwarten – ich werde Ihnen nicht erzählen, wie Sie mit einer Vier-Stunden-Arbeitswoche eine grosse Firma aufbauen können. Mit geringem Arbeitseinsatz geht es nicht, zumindest nicht in 99 Prozent aller Fälle. Die altbewährte Tugend des Fleisses ist auch heute noch ein probates Erfolgsrezept.

Aber wir werden darüber sprechen, wie Sie in kürzerer *Zeit* deutlich *mehr* zustande bringen und wie Sie vorzugsweise diejenigen Arbeiten übernehmen, die Sie wirklich erfüllen.

Sind Sie bereit für die erste Strategie? Also, legen wir los!

Strategie 1: Es geht immer um die »richtige Zielgruppe«.

Welche Zielgruppe hat Ihre Firma? Verfügen Sie über eine klare Vorstellung davon? Können Sie mir das genau sagen? Überwiegend männlich oder weiblich? In welchem Altersbereich? Anfang 20 oder eher 60 plus? Welche Berufe üben Ihre Kunden aus? Besitzen Sie vorwiegend Einfamilienhäuser, oder wohnen sie in Mietwohnungen? Spielen viele von ihnen Golf? Fahren Ihre Kunden Luxusautos? Und, und, und. Wissen Sie genug über *Ihren* Kunden, über *Ihre* Zielgruppe?

1994 glaubte ich noch – obwohl ich fundierte Marketing-Ausbildungen absolviert hatte –, dass das mit der Zielgruppe für unseren Verlag wohl so nicht gelten dürfte und dass im Grunde jeder unsere Erfolgshörbücher benötigen müsste. Eines traf zwar zu:»Brauchen« würde fast jeder unsere Erfolgshörbücher. Aber es gab einen Schönheitsfehler: Nicht jeder, der so etwas *braucht, kauft* es auch. Der Empfänger Ihrer Marketingbotschaft muss unbedingt für Ihr Produkt aufgeschlossen und dazu bereit sein, etwas für sein Vorwärtskommen zu tun.

Anfangs schalteten wir Anzeigen und verteilten Beilagen in Zeitungen, die eine viel zu breite Leserschaft hatten. Der Streuverlust war dabei enorm. Durch eine sorgfältige Kontrolle des Werbeerfolgs, die wir zum Glück schon vom ersten Tag an vornahmen, stellten wir bald fest, dass wir vorwiegend mit Wirtschaftszeitungen Erfolg hatten. Dadurch wurde klar, in welcher Richtung unsere Zielgruppe zu suchen war. Inzwischen wissen wir sehr genau, dass vor allem Unternehmer, Selbstständige, Führungskräfte und Vertriebsmitarbeiter unsere Produkte kaufen.

Hier eine wichtige Quintessenz daraus:

Das Leben wird für Sie und Ihre Firma erheblich leichter, sobald Sie erst einmal definiert haben, wer genau Ihre Zielgruppe ist und was Ihre Zielgruppe wirklich möchte.

Es kann sich dabei unter Umständen herausstellen, dass Ihre Zielgruppe viel weniger preisempfindlich ist, als Sie zunächst angenommen hatten. Folglich können Sie Ihre Preise anheben und gleichzeitig den Kundennutzen erhöhen. Und durch den gesteigerten Kundennutzen kommen Sie zu mehr begeisterten Kunden.

Ich habe dieses Thema mit Absicht als erste Strategie gewählt, weil hierauf alles andere aufbaut.

Die Frage ist jetzt, wie Sie denn überhaupt herausfinden können, wer Ihre Zielgruppe ist. Hiermit könnte man eine ganze

26

CD füllen. Ich gebe Ihnen jetzt einfach ein paar knappe, aber wesentliche Tipps:

• Führen Sie kurze – ja, kurze! – Online-Umfragen durch, und stellen Sie dabei den Teilnehmern vielleicht ein kleines Geschenk in Aussicht.

• Nutzen Sie auch gedruckte Fragebögen oder Karten, um mehr über Ihre Kunden zu erfahren.

• Wenn Sie direkten Kundenkontakt über das Telefon, in Ihrem Ladengeschäft oder auf Messen haben, versuchen Sie in Gesprächen, mehr über die Zielgruppe herauszufinden. Nutzen Sie hierzu auch ungeklärte Fragen, die zur Besprechung mit Ihren Kunden anstehen.

• Analysieren Sie, mit welchen Werbemitteln Sie am erfolgreichsten sind und wer genau damit angesprochen wird. Mit anderen Worten – sind die Resultate von Beilagen, die Sie in einer Wirtschaftszeitschrift, in einer Frauenzeitschrift oder in einer Seniorenzeitschrift schalten, besser?

• Eine noch weiter entwickeltere Variante wäre, dass Sie die Liste Ihrer aktiven Kunden an ein Rechencenter senden, das die Adressen mit ausgefeilten Methoden analysieren kann.

Es ist durchaus möglich, dass sich bei der genauen Analyse Ihrer Zielgruppe Überraschungen ergeben. Als ich mit knapp

25 Jahren den Rusch Verlag gründete, war ich ganz erstaunt, dass unsere Zielgruppe erst bei der Altersstufe von über 30 Jahren anfing. Unsere Zielgruppe war also deutlich älter als ich. Es gab selten Kunden unter 30, die bei uns bestellten.

Nun kann ich nur noch sagen:

Nehmen Sie das genaue Ermitteln und »Durchleuchten« Ihrer Zielgruppe sehr ernst. Das allein kann schon eine profunde Wirkung auf Ihren Erfolg haben.

Strategie 2: Erstellen Sie ein Leistungspaket, das kein Mitbewerber so leicht nachmachen kann - oder wenigstens ein Premiumangebot!

Egal, ob Sie nun eine Pizzeria, eine Arztpraxis oder einen Versandhandel betreiben – Sie und Ihr Angebot müssen ein klares Profil haben und sich deutlich von Ihren Mitbewerbern abheben und unterscheiden. Hier geht es einerseits um eine Vielzahl von kleinen Faktoren, die zum Gesamtbild beitragen, andererseits aber auch um das komplette Angebot. Wenn Sie das systematisch anpacken, haben Sie einen riesigen Konkurrenzvorteil.

Wenn Sie sich die Rusch-Firmengruppe anschauen, werden Sie feststellen, dass wir uns insbesondere in den letzten etwa fünf Jahren vom reinen Hörbuchverlag in eine »Erfolgsfirma« im wahrsten Sinne des Wortes umgewandelt haben.

Schon als wir noch ein reiner Hörbuchverlag waren, hoben wir uns von anderen Mitbewerbern ab, weil wir im Premiumbereich tätig waren und dank der etwas höheren Verkaufspreise die besten Sprecher Deutschlands einsetzen und unsere Hörbücher in hoher Qualität mit Passion und Liebe zum Detail produzieren konnten. Ein Einkäufer der Firma Weltbild war

29

von unseren Hörbüchern total begeistert und fragte mich einmal, wie wir uns das denn leisten könnten, unsere Hörbücher in solch hoher Qualität zu produzieren. Ganz einfach: Weil wir eben im Premiumbereich tätig sind.

Diese Qualität lässt sich übrigens nicht so leicht von Mitbewerbern abkupfern, weil die meisten einerseits nicht bereit sind, so viel in Qualität zu investieren, und weil es ihnen andererseits am Know-how fehlt. Das ist ja nicht anders als bei Spielfilmen. Die wenigsten Filmproduzenten bringen wirklich grossartige Filme auf die Leinwand, weil vielerlei – nicht nur finanzielle – Faktoren die Voraussetzung dafür wären.

Aber wir haben uns nie auf unseren Lorbeeren ausgeruht, sondern unser Angebot fortwährend weiterentwickelt – zum Teil in atemberaubender Geschwindigkeit. Inzwischen haben wir unsere Produktpalette enorm erweitert und bieten nun tatsächlich ein Leistungspaket an, das uns niemand so leicht nachmachen kann.

> Wie sieht es in Ihrer Firma aus? Unterscheiden Sie sich wirklich unverwechselbar von Ihren Mitbewerbern? Wenn ja, was sind die grösseren oder kleineren Unterscheidungsmerkmale? Erstellen Sie doch gleich einmal eine Liste!

Gibt es bei Ihnen ein Leistungsangebot, das Ihnen so leicht kein Mitbewerber nachmachen kann? Zumindest nicht kurz- oder mittelfristig?

In manchen Firmen und Branchen muss das Hauptangebot zwangsläufig recht ähnlich sein wie bei den Mitbewerbern, weil die Branche, die Sparte, das typische Grundprodukt es so vorgeben und das von den Kunden auch so erwartet wird. In solchen Fällen könnten Sie ja dem Hauptangebot noch ein erweitertes Premiumangebot hinzufügen, das dann aber wirklich komplett einzigartig – und natürlich höherpreisig – ist. So hat der Kunde die Wahl, ob er das Standardangebot wählen möchte oder das Premiumangebot.

Strategie 3: Bleiben Sie regelmässig und systematisch mit Ihren Kunden in Kontakt!

Es gibt bei Ihnen vermutlich wie in nahezu allen Firmen »aktive Kunden« und »inaktive Kunden«. Und dann sind da natürlich noch Interessenten, Pressekontakte, Zwischenhändler und andere. Wenn Sie die Kundenpflege noch etwas verfeinern möchten, könnten Sie zum Beispiel – wie wir das machen – in Ihrer EDV alles noch weiter differenzieren und aus einem »inaktiven Kunden« einen »kalten Kunden« machen, wenn er vier Jahre oder länger nichts bestellt hat. Wir liessen unser System so programmieren, dass das halbautomatisch per Knopfdruck mittels eines Adressenlaufes erfolgt.

Die Frage ist nun aber:

Warum ist die betreffende Person oder Firma denn kein aktiver Kunde mehr?

Hierfür gibt es auch rein äusserliche Gründe wie zum Beispiel den Wegzug eines Kunden in eine entferntere Region, eine Verschiebung seiner Interessen oder seines Arbeitsgebiets,

33

Preisvergleiche, bei denen Sie ungünstig abschneiden, oder ein Negativerlebnis mit einem Ihrer Mitarbeiter.

Was aber – denken Sie – ist der Grund Nummer eins?

Ganz einfach: Der Kunde vergisst, bei Ihnen zu kaufen.

Ja! Er hat ja noch andere Dinge zu tun, als immer an all die Firmen zu denken, bei denen er schon irgendwann einmal Geld ausgegeben hat.

Eines ist klar: Es ist im Marketing viel günstiger, einen bereits vorhandenen Kunden zu weiteren Bestellungen zu motivieren, als einen Neukunden zu gewinnen. In den meisten Branchen ist Neukundengewinnung sehr, sehr viel teurer.

Erstellen Sie gleich jetzt einmal handschriftlich eine kleine Liste von Firmen, bei denen Sie privat oder als Firma 100 Euro oder mehr im Jahr ausgeben.

Und nun meine Frage an Sie:

Halten diese Firmen regelmässig mit Ihnen Kontakt? Pflegen sie die Verbindung zu Ihnen?

Ich spreche hier jetzt nicht von einer Weihnachtskarte, die ohnehin nichts bringt, weil sie kaum wahrgenommen wird. Ich meine damit zum Beispiel einen Brief oder einen Prospekt. Oder einen Internet-Newsletter. Oder aber einen Anruf. Oder auch einmal ein aussergewöhnliches Geschenk....

Wir in der Rusch-Firmengruppe geben jedes Jahr eine Menge Geld bei Lieferanten und Outsourcing-Partnern aus. So füllen sich bei uns jedes Jahr zahlreiche Aktenordner mit Lieferantenrechnungen. Die wenigsten dieser Lieferanten halten jedoch Kontakt zu uns, zumindest nicht auf effektive Art und Weise. Zum Jahresende werden wir zwar stets von Weihnachtskarten, Weinflaschen, Weihnachtsgebäck und anderen Aufmerksamkeiten überflutet, können aber, weil all dies gleichzeitig daherkommt, kaum wahrnehmen, wer uns was geschickt hat. Wenn eine Firma schon Geld für Geschenke ausgibt, wäre es sinnvoller, dies nicht im Dezember zu tun, sondern zu einer anderen Jahreszeit. Und vielleicht auch so, dass es mehr auffällt.

Wie sieht es in Ihrer Firma aus? Bleiben Sie systematisch in Kontakt mit Ihren Kunden? Ist in Ihrem Marketingplan definiert, wie häufig und auf welche Weise dieser Kontakt erfolgt?

Strategie 4: Bauen Sie gezielt Kundenbeziehungen auf!

Diese Strategie ergänzt die vorherige.

Seit 1994 halten wir uns daran. Wir versandten in der Aufbauphase des Verlages anlässlich jeder Neuerscheinung ein Mailing per Post an die Kunden, danach dann ein Mailing pro Monat. Solch ein Post-Mailing bestand jeweils aus einem Brief, einem Fax-Bestellblatt und einem Info-Blatt oder einem Prospekt.

Übrigens, auch jetzt noch im Internetzeitalter verschicken wir weiterhin drei oder vier Post-Mailings pro Jahr an unsere aktiven Kunden und an Interessenten. Darüber hinaus versenden wir weitere Mailings an bestimmte Selektionen aus unserer Kundendatenbank mit speziellen Angeboten und Informationen.

Dieser intensive Kontakt – mit also bis zu zwölf Mailings pro Jahr seit 1994 – führte zu einer starken Kundenbindung. Und was denken Sie: Wer kaufte dann 2004 die meisten Aktien der Rusch Verlag AG? Natürlich die langjährigen Kunden, mit denen wir durch die regelmässigen Mailings eine beständige Kundenbeziehung aufgebaut hatten.

Inzwischen nutzen wir eine Vielzahl von Marketingmassnahmen, um mit unseren Kunden in Kontakt zu bleiben, dazu gehören Info-CDs für VIP-Kunden, Postkarten, Fax-Mailings, Podcasts, RSS-Feed für die Blogs, Twitter und einiges mehr. Diese gute, enge Kundenbeziehung ermöglichte es mir dann, 2008 den »Alex Rusch Inner Circle« zu gründen, der schon ab dem ersten Monat erfolgreich war. Als nächste Stufe entstanden daraus die verschiedenen Versionen des »Rusch Round Table« und als weitere Stufe die »Gipfelstürmer-Gruppe«.

Und auch viele unserer Grossaufträge kommen von langjährigen Kunden oder von Interessenten, mit denen wir lange und nachhaltig in Verbindung stehen. Für unsere Vertriebsabteilung ist es leichter, von jemandem, der seit Jahren bei uns Kunde ist und deshalb regelmässig von uns hört, einen Grossauftrag zu erhalten, sofern das Potenzial und der Bedarf vorhanden sind.

Einer der Hauptfehler, den viele Firmen und Unternehmer machen, besteht darin, nicht regelmässig und systematisch mit ihren Kunden und Interessenten in Kontakt zu bleiben. Das fängt schon beim E-Mail-Verteiler an. Eigentlich kostet es kaum Geld – abgesehen von der Arbeitszeit und einem bescheidenen Monatsbeitrag an einen E-Mailing-Dienstleister –, regelmässig einen Newsletter oder ein E-Mailing an die Kunden zu verschicken. Dennoch schreiben die meisten Firmen

Ihre Kunden nie per E-Mail an – oder sie tun es viel zu selten, zum Beispiel nur alle drei bis acht Monate. Ich bin der Meinung, dass das mindestens alle sechs Wochen erfolgen muss, in manchen Branchen ist es sogar wöchentlich notwendig, wie zum Beispiel bei uns. Solch eine Massnahme muss fest in den Jahresplan eingebaut werden, und in der Firma muss jemand dafür verantwortlich sein.

Aber das allein genügt bei Weitem noch nicht, denn per E-Mail erreichen Sie nur einen Teil Ihrer Kunden und Interessenten. Von manchen haben Sie nicht einmal eine E-Mail-Adresse, zumindest keine gültige. Viele benutzen diese Gratis-E-Mail-Adressen, die sie häufig wechseln. Hinzu kommt, dass Spamfilter viele E-Mails abfangen. Oder E-Mails werden zwar empfangen, aber nicht geöffnet – oder zumindest nicht gelesen. Daher ist es wichtig, dass Sie weitere Möglichkeiten der Kontaktpflege nutzen, also Briefpost, Fax, Telefon, soziale Netzwerke, Podcasts, Onlinevideos, RSS und anderes mehr.

Und wenn Sie wirklich wollen, dass Ihre Kunden zu Ihren »Fans« werden, müssen Sie Ihre Kontaktpflege auf ein sehr hohes Niveau heben – einerseits textlich und andererseits auch mit dem Überraschungsfaktor. In meinem Erfolgspaket »Hochwirksame Marketing-Strategien für Top-Resultate« bringe ich neben einer riesigen Anzahl von Beispielen auch die Anregung, eine Kartonrolle anstelle eines Briefes zu versenden. In der Rolle selbst ist ein Dokument im Format DIN A3 oder sogar DIN A2 enthalten. Das kostet natürlich spürbar mehr Porto als der Versand eines Standardbriefs, aber mit der

Kartonrolle gewinnen Sie schlagartig die ganze Aufmerksamkeit Ihres Kunden. Natürlich muss zuvor eine durchdachte Adressenauswahl vorgenommen werden, damit Sie so etwas nur an diejenigen senden, von denen eine Erfolg versprechende Reaktion zu erwarten ist.

Schon dieses Beispiel zeigt Ihnen, dass Sie für besondere Strategien nicht alle Adressen in Ihrer Datenbank unbesehen einsetzen können, denn sonst verbrennen Sie durch zu hohe Streuverluste jeglichen Gewinn.

Für die meisten Firmen ist es zwar sinnvoll, mit allen aktiven Kunden in Kontakt zu bleiben, weil das zu Folgegeschäften und zu Weiterempfehlungen führt. Aber bei manchen Kunden ist das Potenzial grösser, bei anderen geringer. Deshalb kann man bei jenen mehr vom Marketingbudget investieren als bei diesen. Einem kleineren, ausgewählten Teil Ihrer Kundenliste könnten Sie zum Beispiel eine Info-CD oder eine DVD oder sonst etwas in dieser Preisklasse zukommen lassen.

Das Ziel sollte es sein, dass eine von Ihnen definierte Auswahl besonders interessanter Kunden sogar zu sogenannten »Raving Fans« – wie das die Amerikaner nennen – wird. Man muss sich nicht gleich rasende oder tobende Fans vorstellen, sondern könnte von »sehr begeisterten Kunden« sprechen.

Manche begeisterten Kunden bezeichnen sich sogar selber als »Fans«. Immer wieder lesen wir in E-Mails bei der Unterschrift: »Ihr Fan ...« – gefolgt vom Namen des Kunden. Das ist das Resultat vieler Jahre des Aufbaus und der Pflege von Kundenbeziehungen. Und natürlich ist die Grundvoraussetzung dafür, dass wir sehr gute Weiterbildungsprodukte verkaufen.

Bei den Kundenkontakten zählt jede einzelne Mail, die verschickt wird. Deshalb schreibe ich auch alle E-Mailings selbst im persönlichen Alex-Rusch-Stil – statt von einem Mitarbeiter oder einem Agenturtexter blutleere Werbesprüche texten zu lassen. Das gehört zu den wenigen Dingen, die ich nicht delegiere. Auch dieses Buch und Hörbuch schreibe ich selbst. Danach wird es selbstverständlich noch von meinem langjährigen Lektor Frank Auerbach hochprofessionell lektoriert. Aber der Alex-Rusch-Stil bleibt.

Die sogenannten »Raving Fans« sind ein wertvolles Gut für Ihre Firma. In mancher Hinsicht sind sie sogar noch wertvoller für Sie als Ihr ruhendes Warenlager, als Patente oder Know-how. Sie sind das Potenzial Ihres Umsatzes. Am besten veranschaulichen wir uns das anhand von konkreten Zahlen. Angenommen, Sie verfügen über eine Kundenliste mit 50 000 aktiven Kunden. Fünf Prozent davon, also 2500, sind begeisterte Kunden, die jedes Jahr bei Ihnen 1000 Euro ausgeben. Dann bedeutet das für Sie schon einmal einen Umsatz von 2,5 Millionen Euro pro Jahr – allein durch Ihre »Raving Fans«. Der Umsatz Ihrer anderen Kunden sowie von Neukunden kommt natürlich noch oben drauf.

41

Denken Sie ständig darüber nach, was Sie noch tun könnten, um Ihre Kunden zu begeistern. Manchmal sind es auch kleine Dinge, mit denen Sie solche Kunden beeindrucken können. Nutzen Sie auch Mitarbeiter-Brainstormings sowie Gespräche mit Fans, um hierfür neue Ideen zu entwickeln.

Ich hatte kürzlich einen Telefontermin mit einem Kunden. Er war dabei positiv überrascht – ja, geradezu verblüfft –, dass ich mir 75 Minuten Zeit für ihn nahm. Und er verlieh seiner Begeisterung auch noch zusätzlich in einer E-Mail am darauffolgenden Tag Ausdruck. Ein solcher Kunde wird ganz gewiss zu einem »Fan«.

Hier kamen wieder einmal mehrere Erfolgsprinzipien ins Spiel:

• Einerseits achte ich zwar stets darauf, dass Gespräche kurz bleiben. Viele Grosskunden schätzen es auch, wenn ein Gespräch nicht länger als fünf oder zehn Minuten dauert, weil sie ebenfalls viel beschäftigt sind.

• Aber andererseits muss man hier situativ vorgehen. Bei manchen Kunden und Projekten ist es sinnvoll, sich etwas mehr Zeit zu nehmen, wenn man merkt, dass der Kunde das schätzt und dass das Potenzial für einen grossen Auftrag vorhanden ist.

• Ich habe übrigens auch festgestellt, dass es sich für mich lohnt, regelmässig Telefontermine zu vereinbaren und mich nicht komplett abzuschotten, wie das leider viele Unternehmer von mittelständischen Betrieben tun. Diejenigen Kunden, die es schaffen, mit mir einen Telefontermin zu bekommen, geben in den allermeisten Fällen nachher noch mehr Geld bei uns aus als bisher. Diese Namen sehe ich dann oft auf der Liste der Käufer von Erfolgspaketen, wenn ich diese auf dem PC durchscrolle, um festzustellen, wer denn die Käufer sind. Und da erscheinen nicht selten genau die Namen, die ich von Telefongesprächen in Erinnerung habe, die auf den Teilnehmerlisten von hochkarätigen Seminaren stehen oder bei Bewerbungen für einen »Rusch Round Table« zu finden sind. Und so entstehen auch Verbindungen zu Grossabnehmern, Händlern oder Vermittlern unserer Produkte.

Damit möchte ich nicht sagen, dass ab sofort jeder Kunde oder Interessent zu Ihnen durchgestellt werden sollte. Das ist bei mir auch nicht der Fall. Im Gegenteil: Es ist nahezu unmöglich, einen Telefontermin mit mir zu bekommen, denn meine Assistentin macht die Vorselektion, sodass ich nur mit ausgewählten Kunden spreche. Und dann meist per Telefontermin. Das hat nichts mit Arroganz zu tun, sondern mit einem sorgfältigen Umgang mit meiner Zeit zum Wohle der Firma, wie es im Erfolgspaket »Wie Sie in den nächsten 18 Monaten mehr erreichen als in den vergangenen zehn Jahren« beschrieben ist.

Eine Kundenliste kann das Wertvollste sein, das Ihre Firma besitzt, sofern Sie mit Ihren Kunden wirklich gute Beziehungen aufbauen, insbesondere mit Ihren sogenannten A-Kunden. Das sollte auch zu Ihren A-Prioritäten gehören. Und vor allem müssen Sie es systematisch anpacken.

Sie werden sogleich erfahren, wie Sie das am besten bewerkstelligen.

Erster Schritt:

Differenzieren Sie Ihre Kundenliste sorgfältig, und schaffen Sie spezielle Segmente. Wie weit Sie dabei konkret gehen können, hängt natürlich von Ihrer Firma, Ihrer Branche, Ihrer Produktpalette und Ihrer Kundenstruktur ab. Sie könnten nach Umsatz, nach Warengruppen, nach Kauffrequenz oder aber nach Käufergruppen bestimmter Produkte vorgehen.

Zweiter Schritt:

Entscheiden Sie, wie oft Sie mit den einzelnen Segmenten Ihrer Kundenliste in Kontakt treten wollen und auf welchen Wegen das geschehen soll. Dazu gehört nicht nur, dass Sie E-Mailings oder Prospekte verschicken, sondern auch, dass Sie Ihren Kunden wertvolle Informationen und unter Umständen Geschenke senden.

Ein guter Weg, um mit Ihren Kunden, insbesondere Ihren A-Kunden (also der kleinen Zahl der grössten Umsatzbringer), in Kontakt zu bleiben, könnte ein Newsletter sein. In Papierform wäre ein Newsletter übrigens fast noch wirksamer als ein

Online-Newsletter, weil jener stärker auffällt, wenn er in der Morgenpost mit einer Briefmarke frankiert eintrifft und nicht eine von hundert E-Mails ist, die man täglich bekommt und mit einem Tastendruck oder Mausklick löschen kann. Eine reizvolle Variante ist ein Kontakt mit einem Audio, indem Sie zum Beispiel eine gut produzierte, packende Info-CD senden oder einen Podcast herausbringen.

Sie werden verblüfft sein, wie stark Ihr Umsatz steigt, wenn Sie gezielt eine Kundenbeziehung aufbauen – und pflegen. Und auch mittelbar ergeben sich möglicherweise nützliche Wirkungen, zum Beispiel Weiterempfehlungen. Ja, ein Kunde, der oft von Ihnen hört, wird Sie auch viel eher weiterempfehlen.

Übrigens, auch wenn Sie das alles bereits tun sollten, gibt es immer noch Potenzial für Verbesserungen und Steigerungen. Das ist auch in unserem Unternehmen so. Wir bemühen uns, von Jahr zu Jahr besser zu werden. Und das ist möglich. Deshalb heisst dieses Buch ja auch: *»Mehr ist möglich!«* Und der zusätzliche Erfolg, der daraus entsteht, motiviert einen, noch mehr zu tun.

Strategie 5: Machen Sie es den Kunden leichter, ans Ziel zu gelangen!

Hierfür ist in jeder Firma ein Verbesserungspotenzial vorhanden, sogar bei der Rusch-Firmengruppe. Und bei Ihnen doch sicherlich auch?

Es gibt Firmen, die es für ihre Kunden besonders schwierig machen, das Ziel zu erreichen, – sie merken es aber nicht einmal. Das ist zum Beispiel dann der Fall, wenn der Firmenchef Ingenieur ist und deshalb nicht begreift, dass der normale Kunde nicht genauso kompliziert »tickt« wie er selbst – und folglich in den Informationen der Firma stecken bleibt.

Manchmal sind es auch nur äusserliche Faktoren wie die Schriftgrösse, die den Zugang für den Kunden mühsam machen. Gerade gestern sah ich das Seminaranmeldeformular eines Veranstalters, das auf der ersten Seite nicht einmal den Preis erkennen liess und auf der zweiten Seite die Allgemeinen Geschäftsbedingungen nur in einer 5-Punkt-Schrift abdruckte. Solch eine Firma braucht schon eine extrem gute Vertriebsabteilung, denn kein Kunde wird solch ein Formular von sich aus und ohne »Nachhilfe« unterschreiben. Ich bin

47

der Meinung, dass man in Werbedrucksachen und Bestellformularen möglichst eine Schriftgrösse von mindestens 11 Punkt wählen sollte, und zwar für alles, auch für die AGBs.

Die Strategie »Machen Sie es den Kunden leichter, ans Ziel zu gelangen« gilt im Grunde für sämtliche Tätigkeitsbereiche in einer Firma, die mit Kunden zu tun haben. Dazu gehören zum Beispiel:

Erstens: Der Bestellvorgang

Wenn Ihre Website zu unübersichtlich oder das Bestellformular in sehr kleiner Schrift gedruckt ist, kann allein das schon dazu führen, dass ein Kunde die Sache für später beiseite legt – und »später« heisst ja bekanntlich meistens »nie«.

Überprüfen Sie gleich jetzt einmal, wie bei Ihnen die Voraussetzungen für den Bestellvorgang gestaltet sind!
Manchmal bestelle ich selbst etwas in unserem eigenen Onlineshop, um zu sehen, wie es sich anfühlt und ob es Stolpersteine gibt.

Vielleicht schauen Sie auch einmal jemandem, der nicht zur Firma gehört, über die Schultern, wenn er eine Testbestellung bei Ihnen aufgibt.

Zweitens: Die Verwendung des Produkts

Kunden haben heute nicht mehr so viel Geduld wie früher. Man möchte sofort Resultate sehen. Und das soll mühelos, einfach und schnell gehen.

Daher ist es für Ihre Firma ein Wettbewerbsvorteil, wenn Sie den Kunden Produkte liefern, die leicht und sofort eingesetzt werden können und sich nicht erst durch das Studium komplizierter Anleitungen erschliessen.

Hierfür haben wir gleich ein hervorragendes Beispiel: Bei uns gibt es ein Erfolgspaket mit dem Titel »Die 24 Rusch-Bausteine zur deutlichen Steigerung Ihres Unternehmenserfolges«. Damit haben wir viel Umsatz erzielt. Warum? Weil es so aufgebaut wurde, dass der Benutzer mit relativ geringem Aufwand grosse Resultate erzielen kann. Es sind nicht 300 Bausteine, sondern nur 24. Und der Benutzer muss noch nicht einmal alle davon umsetzen, sondern kann sich einige auswählen. Und es sind natürlich sehr wertvolle Lernelemente darin enthalten. So wertvoll, dass wir dieses Erfolgspaket kürzlich sogar zu einem unserer vier MUSS-Produkte erklärt haben.

Auch die meisten VHS-Rekorder und Harddisk-Rekorder kann man heutzutage ohne Studium der Betriebsanleitung programmieren, um Sendungen aufzunehmen und abzuspielen. Das gefällt mir.

Und jetzt noch ein Negativbeispiel. Vor etwas mehr als zwei Jahren suchte ich mir bei der Verlängerung meines Handyvertrages ein neues Mobiltelefon aus. Ich nahm es sogleich auf eine Geschäftsreise mit. Da meine vorherigen Handys stets eine einfache und logische Bedienungsweise hatten, liess ich die Anleitung zu Hause, da ich sie für entbehrlich hielt. Das erwies sich jedoch als Fehler. Mit Intuition und Logik blieb ich bei diesem neuen Gerät hoffnungslos stecken.

Jetzt, nach mehr als zwei Jahren, hätte ich wieder Anrecht auf ein neues Handy. Ich schaute mir ein paar Handys an. Und dann entschloss ich mich, bei meinem alten Handy zu bleiben, weil ich den Aufwand und den Frust der Übergangs- und Umlernphase scheute. Ausserdem benötige ich ein Handy, an das ein richtiges Headset mit gut fixierbarem Bügel und hochwertigem Mikrofon angeschlossen werden kann – nicht nur solche Stöpsel. Und das ist nicht überall möglich.

Solch ärgerliche Erlebnisse haben Tausende, ja Millionen von Handybenutzern. Sie finden sich im Wirrwarr der Funktionen nicht mehr zurecht und können sie nicht nutzen. Warum lernen die Hersteller von Mobiltelefonen nicht daraus? Wenn sie ihre Hausaufgaben machen würden, könnten sie sich neue Marktsegmente erschliessen – gerade heute, wo der Handymarkt überfüllt ist, weil schon fast jeder so ein Ding hat.

Wie sieht es bei Ihnen aus? Gibt es bei Ihren Produkten und Dienstleistungen auch Bedarf, deren Anwendung zu vereinfachen?

Entscheidend ist dabei, dass Sie die Produkte und Dienstleistungen mit den Augen Ihrer Kunden betrachten.

Drittens: Folgebestellungen

Für viele Firmen ist es das Ziel – und eigentlich sollten es alle haben –, dass Kunden wiederkommen und damit Folgeumsatz bringen. Um dafür die Voraussetzungen zu schaffen, muss man auch das dem Kunden einfacher machen. Hierzu gibt es zahlreiche verschiedene Wege.

Wenn wir zum Beispiel ein Post-Mailing verschicken, liegt der Sendung in den meisten Fällen ein Fax-Bestellblatt bei, auf dem bereits die Adresse des Kunden und seine Kundennummer eingedruckt sind. Und oft stehen sogar schon einige Bestellpositionen als Vorschlag zur Auswahl darauf. Der Kunde muss dann wirklich nur noch die Stückzahlen einsetzen, unterschreiben und das Formular faxen – oder uns per Post senden. Eine Sache von wenigen Minuten. Das geht noch viel schneller, als online zu bestellen oder anzurufen.

Wenn ein Kunde bei uns im Onlineshop auf www.ruschverlag.com etwas bestellt, erhält er in vielen Fällen zwei Sekunden nach dem Absenden des Bestellformulars ein Upselling-Angebot mit Sonderkonditionen von uns. Wir haben es so programmiert, dass die Adresse des Kunden bereits im Onlineformular enthalten ist. Er muss das Upselling-Angebot also nur noch lesen und den Bestellknopf drücken. Das ist genial, nicht wahr?!

Überprüfen auch Sie bei sich einmal intern alle Bereiche. Und legen Sie dann fest, was demnächst verbessert werden kann. Auch wir in der Rusch-Firmengruppe sind ständig dabei, alle Vorgänge zu optimieren. *Mehr ist möglich!*

Strategie 6: Eröffnen Sie Ihren Kunden die Chance, mehr Geld bei Ihnen auszugeben – sonst lassen sie es bei Ihren Mitbewerbern!

Diese Strategie bringt Sie vielleicht erst einmal zum Schmunzeln. Aber ich meine es ernst! Dieser Hinweis trifft vielleicht nicht gerade auf alle Branchen zu, aber doch auf mehr, als man denken würde.

In den Branchen, in denen wir tätig sind, erleben wir es fortwährend. Wenn jemand zum Beispiel ein bestimmtes Seminar nicht bei uns im Angebot findet, geht er zu einem anderen Veranstalter. Oder wenn er ein Hörbuch über ein gewünschtes Thema nicht findet, kauft er es bei einem anderen Hörbuchverlag.

Oder, noch schlimmer: Oft kauft jemand bei einem anderen Verlag ein Hörbuch, eine DVD oder ein Erfolgspaket, weil wir selbst zu wenig zielführendes Marketing betrieben haben und der Kunde deshalb gar nicht wusste, dass wir etwas Ähnliches – oder eigentlich sogar noch etwas viel Besseres – anbieten.

Gerade kürzlich schrieb uns ein Kunde, dass er es zutiefst bedauere, nicht früher von unserem Erfolgsturbo-Abo erfahren zu haben. Mit den Hörbuch- und Seminarrabatten, die damit verbunden sind, hätte er im Laufe der Jahre viel Geld sparen können. Dieses Beispiel zeigte mir dann deutlich, dass wir – obwohl wir ja nun wirklich ständig Werbung machen für das Erfolgsturbo-Abo – doch zum Teil selbst Stammkunden nicht erreichen. Es wird nun einmal nicht alles gelesen, was versandt wird. Wir lernten aber daraus und leiteten folgende Massnahmen ein:

- Es wurde eine sehr übersichtliche und zugleich auffällige grosse Infokarte für das Erfolgsturbo-Abo erstellt und jedem Paket und auch vielen Post-Mailings beigelegt.

- Jeder Kunde, der telefonisch bestellt, wird am Schluss gefragt, ob er Erfolgsturbo-Abonnent sei. Wenn nicht, wird ihm erklärt, wie viel Geld er allein schon mit der aktuellen Bestellung aufgrund des Erfolgsturbo-Rabatts sparen würde.

- Im Onlineshop haben wir diese Frage nach dem »Erfolgsturbo-Abo« an den Bestellvorgang angefügt.

Wie eröffnet man nun aber den Kunden die Chance, mehr auszugeben. Hier gleich einmal drei Möglichkeiten als Beispiele zur Anregung:

Erstens: Bieten Sie zusätzlich zum Standardprodukt noch eine Premium-Version an, die deutlich mehr kostet, aber auch einen viel grösseren Nutzen bietet. Eine Faustregel besagt, dass etwa 20 Prozent Ihrer Kunden die Premium-Version nehmen werden. Das ist so wie bei der Business Class im Flugzeug oder einem VIP-Platz im Seminarraum. Hier im Hotel auf Teneriffa, wo ich dieses Buch schreibe, wählte ich gegen einen entsprechenden Aufpreis auch gerade ein Upgrade auf ein Zimmer mit Panoramablick aufs Meer. Das ist es mir wert.

Zweitens: Upselling oder Cross-Selling. Was bedeutet das? Nachdem der Kunde gekauft hat, bieten Sie ihm noch etwas Weiteres an, das gut zu dem passt, was er soeben bestellt hat. Bei uns im Shop auf www.ruschverlag. com erfolgt das automatisch, nachdem der Kunde seine Bestellung verschickt hat. Es erscheint dann ein Sonderangebot, sogar in Form eines Videos.

Drittens: Legen Sie einen gut gestalteten, übersichtlichen Katalog in die Pakete, sofern Sie welche verschicken, oder in die Plastiktaschen, wenn Sie die Kunden im Laden bedienen. Und vielleicht legen Sie zusätzlich noch ein Flugblatt mit einem besonderen Angebot bei.

Einen weiteren Punkt sollten Sie beachten. Ich stelle immer wieder bei Firmenkunden – aber auch öfter einmal bei Privatklienten – fest, dass jemand, der 4000 Euro im Monat verdient, auch wieder 4000 Euro im Monat ausgibt. Wenn er das »Alex Rusch Erfolgssystem« anwendet, legt er vielleicht 400 bis 800 Euro zur Seite. Es bleiben ihm dann immer noch etwa 3200 Euro übrig – und dieses Geld gibt er aus. Punkt. Wenn er es nicht bei Ihnen und auch nicht bei Ihren Mitbewerbern ausgibt, dann eben für etwas ganz anderes. Wenn also jemand weder bei mir noch bei meinen Mitbewerbern ein Seminar bucht oder ein Hörbuch kauft, nimmt er vielleicht dieses Geld und verspielt es in der Spielbank, kauft eine Prada-Tasche oder erwirbt eine Rolex.

Wenn Sie also ein wirklich gutes Produkt oder eine wirklich gute Dienstleistung haben, die Ihrem Kunden definitiv einen grossen Nutzen bietet, ist es Ihre Verpflichtung, dem Kunden die Chance zu verschaffen, bei Ihnen mehr Geld auszugeben. Sie fragen, wie Sie das tun sollten? Indem Sie gutes Marketing betreiben und mit sogenanntem »aktivem Vertrieb« arbeiten.

Strategie 7: Marketing ist Chefsache …

Strategie 7: Marketing ist Chefsache – und zugleich eine vorrangige Aufgabe aller Mitarbeiter in der Firma.

Ja, liebe Leser, liebe Zuhörer, Marketing ist definitiv eine Chefaufgabe. In vielen guten Firmen ist das sogar die Hauptaufgabe des Chefs, denn es ist oftmals auch die anspruchsvollste Aufgabe.

Marketing bringt Umsatz. Und wenn man es wirklich, wirklich gut macht, erzeugt es sogar viel Umsatz. Umsatz bedeutet, dass man Geld auf die Firmenkonten bekommt, mit dem man nahezu alle anderen Probleme lösen kann – mithilfe zusätzlicher guter Mitarbeiter, mithilfe von Consultants, mit Outsourcing-Partnern, durch Unabhängigkeit von Bankkrediten. Grundlage für alles ist genügend Umsatz, vorausgesetzt, man schreibt gesunde schwarze Zahlen, und das bedeutet, der Umsatz darf nicht nur aufgeblähtes Geldwechseln sein, sondern muss eine gesunde Rendite »übrig lassen«.

Ein entscheidender Punkt beim Marketing ist allerdings, dass Sie sogenanntes »Direktmarketing« betreiben. Auf Englisch wird das mit »direct response marketing« noch treffender formuliert, denn es bedeutet, dass die Empfänger der Marketingbotschaft direkt reagieren und dass kein Zwischenhändler Ihren Gewinn minimiert. Bei »klassischer Werbung« geht es ja nur darum, Präsenz zu zeigen und eine Marke aufzubauen, was sich definitiv nur Grossunternehmen leisten können, wenn überhaupt. Wenn mittelständische Unternehmen wie etwa normale Buchverlage Werbung betreiben, unterstützen sie damit vor allem auch den zwischengeschalteten Buchhandel, dem sie ausserdem einen Teil des Erlöses in Form von Händlerrabatten lassen müssen. Damit kommt man nur schwer auf den berühmten grünen Zweig.

Es ist natürlich klar, dass Werbeagenturen klassische Werbung bevorzugen, denn deren Wirkung kann man nicht am Erfolg messen. Zudem möchte sich manche Werbeagentur kreativ »austoben«. So steht ein cooles Design und eine witzige Werbeidee im Vordergrund – anstelle einer Werbebotschaft und einer grafischen Präsentation, die Umsatz bringen. Das gehört übrigens zu den grössten Fehlern im Marketing kleinerer und mittlerer Betriebe. Sie sehen, was Grosskonzerne machen, und möchten es ihnen gleichtun. So wird aber nur viel Geld verschenkt. Die Wirkung ist äusserst bescheiden.

Einer unserer Hörbuchautoren, der sehr reich ist, wollte unbedingt, dass wir ganzseitige Anzeigen in den grössten Tageszeitungen der Schweiz schalten, und war auch bereit, die vollen Kosten dafür zu übernehmen. Er wollte damit den Verkauf seines Hörbuches fördern und gleichzeitig seinen eigenen Bekanntheitsgrad in der Schweiz steigern. Also schalteten wir Anzeigen im Wert von heute umgerechnet rund 50 000 Euro.

Resultat: Es wurden einige wenige Hörbücher verkauft, allerhöchstens 20 Stück. Das waren also nicht einmal 1000 Euro Umsatz.

Ich hätte lieber diese 50 000 Euro genommen und damit 50 000 Besitzer von kleineren bis mittleren Betrieben mit einem am Direktmarketing orientierten Mailing angeschrieben. Aber der Autor wollte unbedingt diese Anzeigenkampagne. Und weil er die gesamten Kosten dafür übernahm, hielten wir uns natürlich genau an seine Vorgaben. Gleichzeitig war das für uns einmal ein wertvolles Experiment, um zu sehen, welche Resultate auf diesem Weg zu erzielen wären. Mit eigenem Geld hätte ich einen solchen Test nicht gemacht, denn das Resultat war keine Überraschung.

Ein Prinzip von mir lautet auch:

Man kann sich einen Marketingerfolg nicht mit Gewalt »erkaufen«, zumindest nicht auf rentable Art und Weise.

Diese bittere Erfahrung mussten schon viele Seminarfirmen machen. Wenn man 2000 Euro Marketingkosten aufbringen muss, um ein Seminarticket für 600 Euro zu verkaufen, wird das auf die Dauer nicht gut gehen – es sei denn, man kann auf diesem Wege ein Folgeseminar verkaufen, das 5000 Euro kostet, oder eine hinreichend grosse Quote von Folgebuchungen.

Am Schluss geht es immer um konkrete Kennzahlen, also zum Beispiel um:

- die Kosten je Interessenten
- die Umwandlungsquote
- die Kosten je Neukunden
- die Umwandlungsquote für Folgegeschäfte
- den »Customer Lifetime Value« des Kunden
- – und was auch immer Sie sonst noch messen.

Im Endeffekt muss sich einfach die ganze Sache rechnen. Nicht so wie Ende der 1990er-Jahre bei den sogenannten Dotcom-Firmen der New Economy, die es heute alle nicht mehr gibt ...

Sie merken vielleicht, dass ich ab und zu direkt oder auch mittelbar für weitere Produkte und Dienstleistungen meiner Unternehmen Werbung mache. Diejenigen, die sich noch nicht so intensiv mit Alex-Rusch-Erfolgsstrategien befasst haben, nehmen mir das manchmal übel. Aber auch nur deshalb, weil sie das Prinzip dahinter nicht verstehen.

Doch gerade das ist ein gutes Beispiel für effizientes Marketing, wie auch Sie es betreiben sollten. Lassen Sie keine Gelegenheit ungenutzt, um den richtigen Leuten wertvolle Hinweise auf Ihre Produkte und Leistungen zu geben!

Wenn Sie mit der richtigen Zielgruppe in Kontakt stehen, müssen Sie unbedingt auch von Ihren anderen Angeboten sprechen oder darüber schreiben. Viele Kunden werden Ihnen hierfür dankbar sein, denn es geht ja auch um Beratung. Und um Information. Wenn Sie nicht davon sprechen, dann werden Ihre Kunden womöglich nie oder erst viel zu spät davon erfahren.

Als ich in Scherzingen am Bodensee wohnte und arbeitete, gab es einmal eine Masseurin, die nur ein Haus von uns entfernt wohnte. Ich traf sie sogar noch bei einer Nachbarschaftsparty. Leider erwähnte sie nie ihren Beruf und ihr Angebot. Es dauerte über ein Jahr, bis ich per Zufall davon erfuhr. Sie war besser als meine bisherige Masseurin – und natürlich viel leichter zu erreichen. Hätte sie nur mehr »Marketing« betrieben, auch bei der Nachbarschaftsparty! Sie hatte noch nicht einmal ein Schild an Ihrem Haus.

Damit Sie mir nicht zu grosse Zurückhaltung vorwerfen können und um als gutes Vorbild in meiner Rolle als Unternehmer und Marketer zu erscheinen, werde ich hier nicht bescheiden sein, sondern Sie fortwährend auf Produkte und Dienstleistungen aufmerksam machen, die für Sie nützlich sein dürften. Denn eines ist klar: Sie gehören zu unserer Zielgruppe! Sonst würden Sie niemals dieses Hörbuch anhören oder dieses Buch lesen!

61

Strategie 8: Nutzen Sie maximal die Chancen, die Ihnen das Webmarketing bietet!

Wir, die Rusch-Gruppe, sind zwar seit 1996 online, und seit 1998 verschicken wir regelmässig unseren Online-Newsletter. Aber so richtig intensiv nutzen wir die Möglichkeiten von Webmarketing erst seit 2005 oder 2006.

Als sich dann tatsächlich der Erfolg einstellte, war ich richtig motiviert und erklärte das Webmarketing zu einem meiner Hauptthemen. Nun versuchen wir, das Maximum daraus zu machen. So entstand das »Alex Rusch Webmarketing«-Erfolgspaket – das bisher umfangreichste Erfolgspaket von mir. Alle vier Module sowie die Zugaben füllen eine grosse Kiste. Dieses Thema ist wirklich umfassend.

Webmarketing ist sehr viel mehr, als einfach nur eine Website online zu stellen und zu hoffen, dass daraufhin neue Kunden kommen.

Grundlage und Ausgangspunkt ist sicherlich eine wirksame Website. Und damit meine ich nicht eine herkömmliche Website, sondern eine am Direktmarketing orientierte Website mit einer Headline, mit einer Subheadline, mit Zwischentiteln, mit klar erkennbarem Kundennutzen, mit Testimonials, mit Audios, mit Online-Videos und vielem mehr.

Darüber hinaus gibt es aber noch viele weitere Möglichkeiten von Webmarketing, wie zum Beispiel den korrekten Einsatz von sozialen Netzwerken wie *XING* und *Facebook*. Oder die wirksame Nutzung von Videoportalen wie *YouTube*, damit Neukunden und Interessenten zu uns kommen. Aber auch die Möglichkeiten von *Google AdWords* kann man einsetzen, um gezielt Interessenten zu finden. Und dann gibt es das Affiliatemarketing – oder noch besser: Super-Affiliatemarketing.

Was meiner Meinung nach fast zum Wichtigsten gehört: Sammeln Sie E-Mail-Adressen, sogenannte Opt-ins, von qualifizierten Interessenten und von schon vorhandenen Kunden. Dann können Sie mit diesen regelmässig und systematisch in Kontakt bleiben, wie ich es Ihnen zuvor beschrieben habe. Meist ist nämlich mehr als nur ein Besuch auf Ihrer Website erforderlich, bis ein Interessent bestellt. Solche weiteren Besuche auf der Website finden aber höchstwahrscheinlich nur dann statt, wenn Sie den Interessenten häufiger per E-Mail anschreiben.

Abschliessend zu dieser achten Strategie kann ich nur sagen: Nehmen Sie das Webmarketing sehr ernst, und versuchen Sie, so viel wie möglich davon Gebrauch zu machen! Gleichzeitig sollten Sie aber darauf achten, dass Sie Ihr Webmarketing-Budget und Ihre kostbare Zeit richtig einsetzen. Bei der Arbeit mit dem Webmarketing gibt es viele Zeit- und Geldfallen.

Aber eines ist klar – es ist gewaltig, was man alles erreichen kann, wenn man die Möglichkeiten des Webmarketings voll und ganz nutzt.

Es gibt übrigens von mir einen kostenlosen Ratgeber mit dem Titel »Sieben Praxis-Tipps für erfolgreicheres Webmarketing« sowohl als PDF wie auch als Audio. Sie können ihn gratis anfordern unter www.alexrusch.com/web-marketing.

Strategie 9: Messen Sie die Resultate Ihres Marketings!

Das ist etwas, das leider beinahe keine Firma tut. Nicht einmal Grossfirmen. Meiner Meinung nach gehört es aber zum Wichtigsten beim Marketing. Wir tun es, wie vorhin erwähnt, schon seit 1994, also seit der ersten Bestellung, die aufgrund unserer Werbeaussendungen einging.

Man kann zwar nicht alles messen, und die Messresultate sind auch nicht immer präzise. Aber immerhin helfen sie bei zukünftigen Entscheidungen.

Das Grundlegende dabei ist, das Sie Ihre Kunden immer fragen, auf welche Weise sie auf Sie aufmerksam geworden sind und was sie heute zu ihrer Bestellung bewogen hat. Und das muss in Ihrer EDV bei der Bestellungseingabe festgehalten werden. Wir nutzen in unserer Auftragssoftware, die eine Standardlösung ist, hierfür das bereits existierende Feld »Vertreternummer«. Dort erhält jede Marketingmassnahme einen Code, wie zum Beispiel »Mail 84« für unser Post-Mailing Nummer 84.

Es gibt aber noch viel mehr, das Sie zählen und messen können. Ich könnte ein ganzes Buch darüber schreiben. Hier nur ein paar Anregungen:

- Richten Sie für grössere Kampagnen eine eigene Website ein. Wir haben zum Beispiel einmal für eine Medienpartnerschaft mit einer grossen Wirtschaftszeitschrift die Website www.rusch-kongress.info eingerichtet. Die Hauptwebsite war www.rusch-kongress.com. So konnten wir messen, wie viele Besucher aufgrund der Medienpartnerschaft auf jene Website gelangten und welche Bestellumwandlungsquote es gab. Das liess sich recht einfach umsetzen. Wir reservierten die Domain».info« für ein Jahr, was weniger als zehn Dollar kostete, stellten dort ein Duplikat unserer Kongress-Website online und fügten beim Bestellformular einen Code hinzu, sodass wir erkennen konnten, wodurch die Anmeldung zum Kongress erzeugt wurde.

- Wenn Sie ein Ladengeschäft betreiben, könnten Sie zum Beispiel zählen, wie viele Kunden pro Tag in Ihr Geschäft kommen und wie viele von diesen tatsächlich etwas kaufen. Diese Tagesstatistik könnten Sie dann mit anderen Tagen vergleichen. Wenn zum Beispiel an einem bestimmten Tag Ihre Werbung im Lokalradio läuft, müsste sich das an diesem und am Folgetag durch die Anzahl der Kunden in Ihrem Laden bemerkbar machen.

Die Messbarkeit ist einer der grossen Vorteile des Direktmarketings. Bei der klassischen Werbung ist das nicht möglich. Durch diese Messbarkeit können Sie Jahr für Jahr Ihre Aktivitäten im Marketing optimieren. Es entsteht hierdurch ein

»interner Lerngewinn«, der einen grossen Wettbewerbsvorteil darstellt. Während Ihre Mitbewerber ihr Marketingbudget »verbrennen«, setzen Sie einen grossen Teil Ihres Budgets gezielt und aufgrund von Erfahrungswerten ein.

Strategie 10: Bringen Sie beim Marketing Ihre Persönlichkeit ein!

Seien Sie einzigartig! Zeigen Sie etwas von sich als Unternehmer und von Ihrem Team! Heben Sie sich auf offene, sympathische Weise von anderen Firmen ab. Werden Sie unverwechselbar!

Meine Kunden wissen, wie mein Büro in Lenzburg aussieht und mein Homeoffice in Seengen, sie kennen einige Büros meiner Mitarbeiter, mein Green-Screen-Videostudio, meinen Garten mit unverbautem Blick auf den Hallwilersee und vieles mehr. Ich habe ihnen sogar die grosse Beule gezeigt, die ein Ziegelstein verursachte, der während einer Autofahrt mit voller Wucht auf der Kühlerhaube meines *Jaguars* landete. Das ist einzigartig. Das meine ich mit »Persönlichkeit einbringen«.

In dem Erfolgspaket »Wie Sie in den nächsten 18 Monaten mehr erreichen als in den vergangenen zehn Jahren« spreche ich zum Beispiel über die Mitwirkung der »persönlichen Assistentin«. Auf der Powerpoint-Präsentation war dann ein Foto meiner eigenen Assistentin zu sehen.

Andere hätten vielleicht einfach ein Agenturbild verwendet. Nicht wir!

Auch in unseren Infovideos erscheinen immer wieder einmal unsere eigenen Mitarbeiter. Das zieht sich durch unser ganzes Marketing hindurch und macht es viel persönlicher. So treten wir nicht einfach als eine sterile, anonyme Firma auf, sondern als ein Team mit persönlicher Note. Und als eine Firma, über die man spricht. Das ist sicherlich einer der Gründe, warum wir so viel Fanpost erhalten.

Wie sieht es beim Marketing Ihrer Firma aus? Könnten Sie dabei auch noch stärker Ihre Persönlichkeit einbringen?

Strategie 11: »Aktiver Vertrieb« sollte ein Teil Ihres Marketings sein!

Viele Firmen, und dazu gehören auch Einmannbetriebe, scheuen sich vor dem Einsatz von »aktivem Vertrieb«. Warum eigentlich? Der Grund liegt auf der Hand:

Die Angst vor Ablehnung?

Genau!

Einer unserer Outsourcing-Partner, ein Einmannbetrieb, träumt schon seit Jahren davon, einen Studenten zu finden, der ihm auf reiner Provisionsbasis neue Klienten bringt. Ich sagte ihm, er sollte diese Idee begraben. Vertrieb muss man systematisch anpacken. Und im Falle dieses Einmannbetriebes wäre es wirksamer, wenn er selbst auf potenzielle Kunden zuginge.

Sie haben vielleicht schon gesehen, dass ich zusammen mit Nick Seebacher sogar ein eigenes Erfolgspaket mit dem Titel »Noch erfolgreicher! mit aktivem Vertrieb« herausgebracht habe. Das zeigt Ihnen, wie wichtig dieses Thema für mich persönlich ist. Ich finde, es sollte überhaupt für jeden Unternehmer eine zentrale Rolle spielen.

Wenn Sie nämlich »aktiven Vertrieb« gekonnt, gezielt und mit einer klaren Strategie betreiben, können Sie damit die Ertragslage Ihrer Firma auf eine ganz andere Ebene heben. Es gibt nun einmal Aufträge, die man ausschliesslich mit »aktivem Vertrieb« hereinholen kann. Das ist auch bei uns so. Man kann viel erreichen mit guten Websites, mit Infovideos, mit mehrstufigen Kampagnen und anderem mehr. Aber nahezu alles, was in unserer Branche über 10 000 Euro Umsatz hinausgeht, erfordert ein gewisses Mass an »aktivem Vertrieb«: nämlich ein Zugehen auf mögliche Kunden aus eigener Initiative und mit persönlicher Dynamik. Sie brauchen nicht als aggressiver Drücker aufzutreten, aber der Impuls muss von Ihnen ausgehen.

Wie sieht es in Ihrer Firma aus? Gibt es in dieser Hinsicht noch Optimierungspotenzial?

Strategie 12: Richten Sie Ihre Angebote stärker nach den Wünschen Ihrer A-Kunden aus!

Schon vor zehn Jahren zitierte ich den Milliardär Marc Cuban, der bereits im Alter von 31 Jahren, als er »erst« Multimillionär war, sagte:

»Ask the customer what he wants and give it to him.«

Also: Fragen Sie den Kunden, was er möchte, und geben Sie es ihm!

Aber ich habe noch eine Weile gebraucht, bis ich diesen Tipp auch wirklich in grösserem Stil umzusetzen verstand. Ganz so einfach ist das nämlich nicht, und dies ist auch der Grund, warum es bei so gut wie keiner Firma wirklich gut funktioniert.

Oft bringt man ein Produkt auf den Markt, weil man es gern möchte und weil man denkt, es gebe eine Nachfrage dafür. Anstatt aber erst einmal zu prüfen, ob wirklich ein Bedarf vorhanden ist, konzentriert man sich allein auf die Produktion.

75

Ich bin jedoch gegen die herkömmliche Marktforschung, bei der ein Marktforschungsinstitut repräsentative Umfragen bei einer bestimmten Anzahl möglicher Kunden durchführt, um herauszufinden, ob jemand ein Produkt kaufen würde. Oft sagt dann der befragte Kunde zwar, er würde dieses Produkt kaufen; wenn es aber tatsächlich auf den Markt kommt, greift er trotzdem nicht danach.

Man darf aber auch nicht erwarten, dass uns ein Kunde gezielt sagt, was er haben möchte und wofür er bereit sei, Geld auszugeben. Uns erzählte kein Kunde, wir sollten Erfolgspakete mit leicht umsetzbaren Erfolgsstrategien in hoher Qualität herausbringen. Darauf musste ich selbst kommen.

Uns sagte auch kein Kunde, ich sollte das »Alex Rusch Webmarketing«-Erfolgspaket herausbringen, was ja dann zu einem riesigen Erfolg wurde. Nein, das sagte mir keiner. Die Kunden erklärten mir nicht einmal, sie würden sich für Webmarketing interessieren. Eine Kundenbefragung wäre hier also nutzlos gewesen.

Ich vermute, es sagte auch niemand Steve Jobs von *Apple*, man wünsche sich ein iphone, das cool aussähe und eine Touch-Screen hätte.

Und als Steve Jobs die Idee für *Apple Stores* hatte, rieten ihm alle davon ab. Die Aktien-Analysten zogen über ihn her. Er glaubte daran, und daraus wurde eine der erfolgreichsten Ladenketten der Gegenwart.

Diese Beispiele zeigen Ihnen, dass es wirklich gar nicht so einfach ist, durch Befragungen herauszufinden, was die Kunden wollen.

Die mögliche Nachfrage zu ermitteln ist also ganz klar eine Sache der Firma. Man braucht ein Gespür für den Markt und die Zielgruppe. Und man sollte auch das Marktumfeld gut und systematisch beobachten.

Was man aber dann tun kann und tun sollte, ist, Kunden bei der Feinausarbeitung des Angebots zu befragen. Dabei sollte man sich aber unbedingt auf die A-Kunden konzentrieren. Nur deren Meinungen sind relevant, weil sie zu den Umsätzen führen, auf die es ankommt.

Ich kann Ihnen hier kein Pauschalrezept geben, denn je nach Branche, nach Firma, nach Firmengrösse und nach Kundenstruktur sind die Verhältnisse unterschiedlich. Manchmal genügt es schon, wenn Sie Ihre A-Kunden am Telefon haben und ein paar Minuten länger mit ihnen sprechen. Hören Sie ihnen dabei genau zu, nehmen Sie beiläufig erwähnte Informationen auf, und stellen Sie auch ein paar Fragen mit der Bitte um ganz offene Antworten. So können Sie auf nützliche Ideen kommen. Manchmal lassen sich auch einzelne Formulierungen aus Feedbacks, die Sie bei zahlreichen Gesprächen mit A-Kunden erhielten, zu einem packenden Leistungsangebot zusammenfügen.

Eine weitere Variante wäre, eine Online-Umfrage bei einem Teil Ihrer Kunden durchzuführen. Hierbei könnten Sie sich auf ein bestimmtes Segment Ihrer Adressenliste beschränken, zum Beispiel auf Ihre A-Kunden oder auch auf die Käufer eines bestimmten Produkts oder einer Produktkategorie oder auf Klienten spezieller Dienstleistungen.

Wir haben zum Beispiel kürzlich eine Umfrage ausschliesslich bei den Käufern des Erfolgspakets »Wie Sie in den nächsten 18 Monaten mehr erreichen als in den vergangenen zehn Jahren« durchgeführt. Dabei stellten wir ein bestimmtes Exklusivangebot vor, und die Kunden konnten uns anonym mit »Ja, unbedingt«, »Vielleicht« oder »Eher nein« auf einer Website ihr Interesse oder Desinteresse mitteilen. Nach der Anzahl von »Ja, unbedingt« und »Vielleicht« wussten wir, dass die Nachfrage gross genug war; und so ging dann das Exklusivangebot nur an diese Käufer hinaus, während andere Kunden nie etwas davon erfuhren – das ist ja der Sinn von »exklusiv«.

Solch eine Umfrage bringt mehrere Vorteile:

- Man erfährt, ob es sich überhaupt lohnt, das Angebot auszuarbeiten und auf den Markt zu bringen.

- Die potenziellen Kunden werden in den Entscheidungsprozess eingebunden und sprechen dann auf das Angebot besser an – ja, fühlen sich fast verpflichtet, etwas zu bestellen, wofür sie votiert haben.

Wichtig bei solchen Online-Umfragen ist, dass die Beantwortung für den Kunden nicht zu kompliziert ist. So wie in diesem Beispiel. Die Befragten mussten nur eine von drei möglichen Antworten anklicken und den »Senden«-Knopf betätigen. Wer wollte, konnte aber auch einen Kommentar dazu schreiben.

Sagen oder schreiben Sie bei solch einer Online-Umfrage Ihren Kunden am besten gleich vorweg, dass die Beantwortung nur eine halbe Minute dauert. Dann machen sich die Leute eher die Mühe. In unserem Fall nahm fast die Hälfte der befragten Kunden teil. Das ist gewaltig. Bei 15 Minuten Zeitaufwand wird es schon schwieriger. Dann müssten Sie den Kunden schon ein sehr schönes Geschenk anbieten, damit sie antworten.

Wichtig ist für Sie auch, wer Ihnen antwortet. Stützen Sie Ihre Entscheidungen nicht auf die Meinungen von Interessenten, die bei Ihnen noch nie einen einzigen Euro ausgegeben haben. Wenn uns zum Beispiel jemand eine böse E-Mail oder eine E-Mail mit einem sogenannten »gut gemeinten Ratschlag« schreibt, schauen wir erst einmal nach, ob er ein aktiver Kunde ist und wie viel er schon bei uns bestellt hat.

Und nehmen Sie auch die Inputs von C-Kunden nicht zu ernst! Ihr Hauptaugenmerk muss ganz klar den A-Kunden gelten. Wir sind hier nicht in der Politik. Sie brauchen nicht 50,1 Prozent der Stimmen.

Es genügt, wenn die 20 Prozent an der Spitze Ihrer Kundenliste von Ihnen und Ihren Angeboten total begeistert sind, also die A-Kunden.

Hierzu noch ein Punkt:

Sie müssen ab und zu auch mal ein Produkt einfach »auf Verdacht« auf den Markt bringen und dann beobachten, ob es ankommt. So haben wir es mit unserem Lehrgang »Wochenlektionen für Unternehmer und Selbstständige« gemacht. Mein Team war zum Teil etwas skeptisch. Ich glaubte aber voll an dieses Lernkonzept, bei dem es darum geht, Lerneinheiten von nur etwa 15 Minuten Dauer pro Woche in Form eines kurzen Videos, eines Audios und eines zweiseitigen Hotsheets zu bewältigen. Wir brachten unter www.wochenlektionen.com das Angebot auf den Markt – und es wurde gut angenommen. Ich bin nun gespannt, wie sich dieses Konzept weiter entwickelt. Wer weiss, vielleicht wird das bald unser wichtigstes Standbein.

Es hätte aber auch ein Flop sein können. »No risk, no fun«, wie es so schön heisst. Dieses Projekt zu lancieren erforderte natürlich eine Menge Vorarbeit und den Einsatz von neuen Technologien, die wir erst einmal finden und adaptieren mussten. Aber man muss ja fortwährend innovativ sein, um an der Spitze zu bleiben. Dann bewahrheitet sich der Satz: *Mehr ist möglich!*

Strategie 13: Setzen Sie nicht alles auf eine Karte!

Es ist ja wunderbar, wenn Sie ein Produkt haben, das sich Jahr für Jahr einer guten, konstanten Nachfrage erfreut. Dennoch sollten Sie nicht alles auf eine Karte setzen.

Ich bin zwar definitiv der Meinung, dass man sich auf eine bestimmte Zielgruppe konzentrieren sollte. Aber die Produktpalette darf durchaus etwas breiter sein. So können Sie das Risiko besser streuen und brauchen innerhalb Ihrer Zielgruppe nicht »auf einem Bein zu stehen«.

Ich habe schon von verschiedenen Autoren in Amerika das Tisch-Beispiel gehört. Es gibt diese Stehtische in Coffeeshops, die nur ein Bein haben. Die haut es leicht um. Ein Tisch mit vier oder sogar sechs Beinen steht jedoch sehr stabil da, auch wenn er von ungeschickten oder rücksichtslosen Leuten angerempelt wird oder wenn heftiger Wind über eine Caféterrasse fegt.

Vor allem in einer Wirtschaftskrise ist man froh, wenn man breiter aufgestellt ist. Denn wahrscheinlich werden nicht alle

81

Produktkategorien Ihrer Firma gleich stark von Umsatzrückgängen betroffen sein.

»Nicht alles auf eine Karte setzen« bezieht sich aber nicht nur auf Produkte, sondern auch auf viele andere Bereiche. So ist es eine Existenzfrage, sich keinesfalls von einem oder wenigen Grosskunden abhängig zu machen – auch wenn eine solche Situation vorübergehend sehr komfortabel sein mag. Oder zum Beispiel: Marketing. Angenommen, Sie erzielen den grössten Teil Ihres Umsatzes mit Ihrem monatlichen Internet-Newsletter, der ja kaum Marketingkosten verursacht. Da entsteht natürlich die Versuchung, alle anderen Marketingmassnahmen verkümmern zu lassen. Das wäre aber falsch. Schliesslich wissen Sie nie, ob nicht irgendwann einmal Umstände eintreten, die diese Quelle versiegen lassen, oder ob die Zustellbarkeit der Newsletter eingeschränkt wird oder Ihre Zielgruppe andere Informationsmedien nutzt. Daher sollte Ihr Marketing breit abgestützt sein.

Es gibt noch unzählige andere Bereiche. Es wird Sie jetzt vielleicht überraschen, dass ich als Koautor des Erfolgspakets »Noch erfolgreicher! mit aktivem Vertrieb« sage, Sie sollten – sofern irgend möglich – darauf achten, dass der Firmenumsatz nicht von einem oder zwei Starverkäufern abhängt. Wenn diese nämlich in eine Lebenskrise geraten, die Power verlieren oder abgeworben werden, könnte dies das Aus für Ihre Firma bedeuten.

Aber auch sonst tendiere ich dazu, dass die Firma so gutes Marketing betreibt, wie man es im Erfolgspaket »Hochwirksame Marketing-Strategien für Top-Resultate« lernt, sodass man überhaupt nicht mehr von den Verkäufern der Firma abhängig ist. Der Umsatz, den die Verkäufer bringen, kommt dann einfach noch »obendrauf«. Das wäre der Idealfall, den Sie anstreben sollten. In der Rusch-Firmengruppe haben wir zum Glück diesen Idealzustand erreicht.

Strategie 14: Entscheidend ist nicht nur, was Sie tun, sondern auch, was Sie nicht tun.

Jim Collins, der Autor des Millionenbestsellers »Der Weg zu den Besten«, der im Rusch Verlag als Hörbuch erschienen ist, ist ein grosser Freund dieser Strategie. Er redet von der »Stop doing«-Liste.

Wir sollten also nicht nur Umsetzungs- und To-do-Listen erstellen, sondern auch entscheiden, was wir weglassen.

Damit meine ich nicht, dass wir zu schnell aufgeben und Projekte einfach fallen lassen dürfen oder sollten, gegen die es zu viel Widerstand gibt oder für die der erforderliche Arbeitsaufwand zu gross ist. Oft werden Projekte, die sich schwierig in Gang bringen lassen, zu wichtigen Umsatzträgern. Ein zusätzlicher Vorteil solch schwieriger Vorhaben ist, dass die Mitbewerber wohl eher die Hände davon lassen, weil die Anfangshindernisse zu gross sind.

Manchmal gibt es aber auch Projekte, die man unmöglich zum Erfolg führen kann. Und dann sollte man Abstand davon nehmen.

Wir hatten bei uns zum Beispiel festgestellt, dass sich Audio-Mitschnitte von Tele-Seminaren auf CDs sehr schleppend verkaufen. Deshalb entschlossen wir uns, diese Produktionen aufzugeben. Das entlastet unsere Lager-Logistik, und wir können in unserem Verlagskatalog die betreffenden Katalogseiten für Produkte nutzen, die mehr Umsatz bringen. Wir bieten diese Mitschnitte jetzt ausschliesslich als Downloads im »Rusch Download-Shop« an.

Man darf hier auch nicht emotional sein und muss sich von Dingen trennen, die einem am Herzen lagen. Manchmal muss man sogar ein Produkt oder eine Dienstleistung, das oder die früher viel Umsatz brachte, auf die »Stop doing« -Liste setzen. Die Nachfrage der Kundschaft ändert sich schliesslich fortwährend. Entscheidend sind Zahlen und Fakten – nicht Emotionen.

Das Wunderbare beim Weglassen ist, dass man damit freie Kapazitäten schafft, die genutzt werden können, um erfolgreiche Projekte noch besser voranzubringen oder um neue Projekte in Angriff zu nehmen.

Überprüfen Sie alle Ihre Produkte und Dienstleistungen kritisch. Und erstellen Sie dann eine »Stop doing«-Liste, sofern nötig.

Strategie 15: Ein Unternehmer sollte sich auf drei bis fünf Hauptaktivitäten konzentrieren.

Das ist eine der zentralen Strategien des Erfolgspakets »Wie Sie in den nächsten 18 Monaten mehr erreichen als in den vergangenen zehn Jahren«. Sie ist regelrecht bahnbrechend. Es gab schon unzählige positive Rückmeldungen von Anwendern des erwähnten Erfolgspakets. Dieser Rat gehört definitiv zu den wirksamsten Strategien für Unternehmer überhaupt.

Ich wende diese Strategie auch an. Aber erst seit wenigen Jahren. Die Resultate, die daraus entstehen, sind wirklich phänomenal.

Ich erkläre Ihnen die Strategie jetzt kurz:

Erstens: Sie erstellen eine Liste mit den täglichen, monatlichen und jährlichen Aktivitäten, die am stärksten zum Erreichen Ihrer Hauptziele beitragen.

Zweitens: Wählen Sie aus dieser Liste die wichtigsten drei Aktivitäten aus. Oder, wenn es nicht anders geht, vier oder fünf.

Drittens: Organisieren Sie dann Ihren Arbeitstag so, dass Sie den grössten Teil Ihrer Arbeitszeit nur für diese drei (oder maximal fünf) Aktivitäten einsetzen. Ja, das meine ich ernst!

Wenn Sie es schaffen, diese Strategie konsequent anzuwenden, bringen Sie damit deutlich mehr zustande. Es geht eben auch hier wieder um »die Kraft der Konzentration«. Sie können auf diese Weise mehr Zeit den Aufgaben widmen, die am stärksten zum Erfolg der Firma beitragen. Ballast abwerfen, sich nicht verzetteln, Kräfte auf das Wesentliche konzentrieren! Das ist es. Dann ist auch *mehr möglich*.

Dadurch sind Sie natürlich gezwungen, viele andere Aufgaben zu delegieren, zu reduzieren oder zu eliminieren. Denken Sie an die »Stop doing«-Liste! Das hat den Nebeneffekt, dass Sie nicht nur mehr Zeit für Ihre drei wichtigsten Tätigkeiten zur Verfügung haben, sondern dass Sie auch einen viel freieren Kopf bekommen. So steht Ihnen eben Ihre Denkzeit bei Autofahrten, beim Sport oder kurz vor dem Einschlafen für Ihre Haupttätigkeiten zur Verfügung, anstatt dass Sie an tausend Kleinigkeiten denken müssten.

Eine meiner Haupttätigkeiten ist das Marketing – vorwiegend das Marketing für die gesamte Rusch-Firmengruppe.

Gleichzeitig gebe ich auch mein Marketingwissen weiter in Seminaren, Referaten und Erfolgspaketen sowie im Rahmen von Consulting-Projekten.

Die Rusch Firmengruppe hätte so manche ihrer Ziele nicht erreicht, wenn ich mich nicht auf meine Haupttätigkeiten konzentrieren könnte. Ja, viele Ziele hätten wir uns nicht einmal gesetzt, weil ich gar nicht auf die Idee gekommen wäre.

Noch schlimmer: Ich hätte nicht einmal die Zeit gehabt, mir dieses umfangreiche Marketing- und Webmarketing-Wissen anzueignen.

Vor 15 Jahren und zum Teil auch noch vor Kurzem war ich immer noch zu stark ins Tagesgeschäft eingebunden und mischte bei viel zu vielen kleinen Dingen mit.

Erst durch den sehr konsequenten Einsatz dieser Strategie Nummer 15 wurde all das möglich, was Sie vor allem seit Ende 2006 an Kreativität, Produktivität und Firmenpräsenz bei uns beobachten konnten.

Probieren Sie es auch einmal aus!

Strategie 16: Reduzieren Sie Ablenkungen unerbittlich auf ein Minimum!

Durch die intensive Kommunikation mit den 400 Kunden und Anwendern der Betaversion des Erfolgspakets »Wie Sie in den nächsten 18 Monaten mehr erreichen als in den vergangenen zehn Jahren« weiss ich, dass das gezielte Vermeiden von »Ablenkungen« die Produktivität ganz erheblich steigert.

Wenn Sie Strategie Nummer 15 befolgen, ist es umso wichtiger, dass Sie auch Strategie Nummer 16 beachten.

Gehen wir einmal davon aus, dass Marketing auch zu Ihren drei Hauptaufgaben gehört. Wenn Sie es dann schaffen, jeden Tag eine oder zwei Stunden hintereinander vollkommen ungestört daran zu arbeiten, werden Sie verblüfft sein, was Sie dabei alles zuwege bringen.

Sollten Sie allerdings alle fünf Minuten durch Mitarbeiter, Telefongespräche, SMS, E-Mails und dergleichen gestört werden, reisst Sie das ständig aus Ihren Gedanken heraus. So kommen Sie nur sehr langsam mit Ihrer Arbeit voran, und viele gute Ideen werden schon in Ihrem Kopf erstickt, bevor sie sich überhaupt entfalten können.

Sie sollten deshalb durch eine Reihe von Massnahmen bewirken, dass die Ablenkungen Schritt für Schritt reduziert werden. Natürlich lässt sich nicht alles innerhalb eines Tages verändern. Aber beginnen Sie doch gleich einmal heute mit der ersten Massnahme!

Bis Sie Ihre Ablenkungen auf ein Minimum reduziert haben, wird es wohl noch Monate oder gar Jahre dauern. Auch wenn Sie 20 Kilogramm abnehmen wollen oder müssen, brauchen Sie mehr als ein halbes Jahr dazu.

Seit Frühjahr 2008 arbeite ich in der Regel vormittags in meinem Homeoffice, wo ich vollkommen ungestört bin und einen unverbauten Blick auf den Hallwilersee habe. Und am Nachmittag fahre ich dann in die Firma nach Lenzburg. Aber auch in Lenzburg habe ich Massnahmen eingeleitet, um Ablenkungen stark zu reduzieren. Oft ist meine Bürotür geschlossen. Und wenn ich Ablenkungen oder Störungen komplett vermeiden möchte, fliege ich nach Mallorca oder Teneriffa, wo ich meine E-Mails nur einmal pro Tag lese und wo mich niemand anruft. Hier schalte ich noch nicht einmal den Fernseher ein.

Bill Gates verbringt, wie ich in einer amerikanischen Zeitschrift gelesen habe, eine Woche pro Jahr allein in einem sehr abgelegenen Haus. Während dieser ganzen Woche sieht er niemanden ausser dem Restaurantkurier, der ihm die Mahlzeiten bringt. Er hat dann stets stapelweise alle möglichen Papiere bei sich, die er durchliest, auf sich wirken lässt und als Grundlage für Ideen nutzt. Nach dieser ganzen Woche ohne Unterbrechungen kommt er zurück in die Firma mit neuen Strategien, Konzepten und Ideen.

Ganz ähnlich ist das auch bei mir, wenn ich eine Woche auf einer sonnigen Urlaubsinsel verbringe. Ich nehme dann Lesematerial, Kärtchen von meiner Wandtafel, meinem Flipchart und meiner Pinnwand sowie bestimmte Unterlagen mit. Zudem lege ich vorher ganz genau fest, was ich während dieser Tage erledigen will. Es ist meist ein halbes Dutzend an Vorhaben wie zum Beispiel das Erstellen eines Marketingplans, das Texten einer besonders wichtigen Website oder der Entwurf von Weiterbildungsmedien.

Haben Sie auch schon einmal ganz »zweckgebunden« ein paar Tage ungestört in einem Urlaubsparadies verbracht, um an einem oder mehreren ganz extrem wichtigen Projekten zu arbeiten?

Dann nehmen Sie sich doch so etwas möglichst bald einmal vor! Sie werden sozusagen mit reicher Beute zurückkehren und im Blick auf Ihre Firma oder Ihre Tätigkeit sagen: *Mehr ist möglich!*

Strategie 17: Delegieren Sie wirkungsvoll – sowohl intern als auch extern!

Immer wieder erlebe ich bei Consulting-Klienten, dass der Chef selbst die Wachstumsbremse im Unternehmen ist, weil er nicht richtig delegieren kann.

Als guter Unternehmer muss man sich ein exzellentes Team zusammenstellen, die Firma mit Systemen gut organisieren, die Mitarbeiter gründlich einführen – und dann zum richtigen Zeitpunkt »loslassen«.

Mit dem Loslassen haben viele Unternehmer grosse Mühe. Es muss aber sein. Wenn Sie über gut qualifizierte Führungskräfte und Mitarbeiter verfügen, sollten Sie diese auch selbstständig arbeiten lassen, wobei sich die Mitarbeiter an vorgegebene Richtlinien und Standards halten müssen.

Dann wird zwar nicht immer alles so erledigt, wie Sie es sich wünschen und wie Sie es selbst tun würden. Trotzdem dürfen Sie keinesfalls wieder Arbeiten an sich reissen oder sich zu stark einmischen.

Auch ich muss mir manchmal – bildlich gesprochen – auf die Zunge beissen, um nichts zu sagen. Aber einerseits kommt es zu teuer, wenn ich meine wertvolle Arbeitszeit als Unternehmer mit Problemchen in der Kundenbetreuungsabteilung, beim Wareneinkauf oder im Lager verzettle. Und andererseits würde ich so die Eigeninitiative und das Verantwortungsbewusstsein von Mitarbeitern abwürgen.

Aber Achtung: Was ich hier sage, funktioniert wirklich nur, wenn Sie vorwiegend A-Mitarbeiter und B-Mitarbeiter beschäftigen – und sehr wenige oder noch besser gar keine C-Mitarbeiter. Und Sie brauchen wirklich gute Systeme wie beispielsweise ein Mitarbeiter-Handbuch, interne Schulungsvideos, Monatschecklisten. Das sind all die Tools, die Sie aus den Alex-Rusch-Erfolgspaketen kennen.

Ich befürworte keinesfalls »Delegation durch Abdankung«, was manchmal noch schlimmer ist als zu geringes Delegieren. Zum wirksamen Delegieren gehört auch, dass man gelegentlich Stichproben macht, Gespräche mit Mitarbeitern führt, die Fortschritte überprüft und auch zahlreiche weitere Kontrollsysteme einführt.

Strategie 18: Achten Sie bevorzugt auf A-Mitarbeiter!

Diese Strategie knüpft gleich an die vorige an. Es ist extrem wichtig, dass wir uns nicht damit abfinden, mittelmässige oder gar unterdurchschnittliche Mitarbeiter zu beschäftigen, weil wir keine besseren finden oder bezahlen wollen. Der Einsatz von guten Mitarbeitern gehört zu den wichtigsten Faktoren, damit in Ihrer Firma *mehr möglich wird*.

Diese Strategie hat zwei Aspekte, nämlich:

Erstens: Gezielt A-Mitarbeiter suchen!

Wenn Sie eine Stelle ausschreiben, sollten Sie nach einer klar definierten Vorgehensweise den neuen Mitarbeiter oder die neue Mitarbeiterin suchen und dabei darauf achten, nur Leute mit A-Qualitäten einzustellen. Das wird Sie zwar einiges an Zeit und Geld kosten, aber dann haben Sie A-Mitarbeiter, die massgeblich zum Erfolg Ihrer Firma beitragen werden. Und es wird noch mehr Spass machen, in Ihrer Firma zu arbeiten. Es lohnt sich also definitiv, sich mit diesem Thema stärker zu beschäftigen. Sie könnten sich auch beim Aufsteiger-Verlag das Erfolgspaket »So vermeiden Sie, C-Mitarbeiter einzustellen« besorgen.

Zweitens: Die A-Mitarbeiter besser behandeln!

Allzu viele Manager verbringen unnötig viel Zeit mit B- und vor allem C-Mitarbeitern in der Hoffnung, aus diesen bessere Leistungen herauszuholen. Das mag ja ganz nett sein – aber vergessen Sie es! Denn leider werden dabei die wertvollen A-Mitarbeiter eher vernachlässigt (in der irrigen Meinung, die brauchten keine »Nachhilfe«).

Besser macht man es umgekehrt. Die A-Mitarbeiter muss man zwar nicht so straff führen wie die anderen, aber auch sie brauchen Ihre Aufmerksamkeit und Anerkennung – und lohnen es Ihnen umso mehr.

Konkret meine ich damit:

- Loben Sie Ihre A-Mitarbeiter regelmässig: sowohl schriftlich als auch mündlich. Aber nicht nach dem Giesskannenprinzip, sondern ganz gezielt für bestimmte Leistungen, Handlungen oder Ideen.

- Geben Sie den A-Mitarbeitern mehr Bonus.

- Beziehen Sie A-Mitarbeiter in Entscheidungen ein. Und lassen Sie sich gelegentlich auch einmal von ihnen »überstimmen«. So haben die A-Mitarbeiter ein

Wort mitzureden, wenn es um die Richtung der Firma geht, sie sind stolz darauf und stehen noch mehr hinter den Projekten.

- Hören Sie auch die Meinung Ihrer A-Mitarbeiter bei der Auswahl neuer Kollegen an.

- Und tun Sie auch sonst Dinge, um die A-Mitarbeiter zu erfreuen. Hierfür gibt es viele Möglichkeiten. Seien Sie kreativ. Und seien Sie auch herzlich!

Strategie 19: Der Unternehmer und sein Team sollten auch Gesundheitsstrategien anwenden.

Es überrascht Sie vielleicht, dass in diesem Hörbuch und Buch zum Thema Unternehmenserfolg auch Gesundheitsstrategien zur Sprache kommen. Hierfür gibt es aber sehr gute Gründe.

Wenn alle im Unternehmen gesünder sind, hat das mindestens zwei Hauptvorteile, nämlich:

- Es gibt weniger krankheitsbedingte Fehltage.

- Und in der Firma hat jeder mehr Energie, mehr Tatendrang und Kreativität.

Sie wissen ja vielleicht, dass es zu diesem Thema ein ganzes Erfolgspaket gibt. Es trägt den Titel »Noch erfolgreicher! mit Gesundheitsstrategien«. Das haben wir deshalb herausgebracht, weil wir wissen, wie wichtig die Gesundheit sowohl für den geschäftlichen wie auch für den persönlichen Erfolg ist.

101

Es gibt einiges, das Sie tun könnten, um die allgemeine Gesundheit in Ihrer Firma zu fördern. Hier einige Anregungen:

• Stellen Sie den Mitarbeitern kostenlos Mineralwasser in grossen Mengen zur Verfügung. Wichtig ist dabei, dass es leicht zugänglich ist. So trinken die Mitarbeiter genügend Wasser, was sich positiv auf die Gesundheit, das Wohlbefinden und die Produktivität auswirkt.

• Belohnen Sie diejenigen Mitarbeiter, die nie krank sind, mit einem Gesundheitsbonus. Bei uns gibt es zum Beispiel einen bestimmten Betrag für null Krankheitstage und einen kleineren Betrag für nur einen Krankheitstag pro Jahr. So ist der Anreiz da, sich um seine Gesundheit zu kümmern.

• Manche Firmen bezahlen ihren Mitarbeitern auch ein Jahresabo für ein Fitnessstudio. Das halte ich für eine gute Idee; ich würde jedoch empfehlen, die Bedingung daran zu knüpfen, dass die Mitarbeiter dann auch wirklich mindestens zweimal pro Woche hingehen.

• Schenken Sie Ihren Mitarbeitern Bücher oder Hörbücher zum Thema Gesundheit. Bei uns erhalten zum Beispiel neue Mitarbeiter neben weiteren Begrüssungsgeschenken am ersten Arbeitstag auch das Erfolgspaket »Noch erfolgreicher! mit Gesundheitsstrategien«.

- Und kümmern Sie sich darum, dass die Mitarbeiter sich in der Firma wohlfühlen. Dazu gehören ein gutes Betriebsklima, ergonomische Stühle, hinreichend starke Lampen, angenehme Temperaturen, Ordnung und ein Bewusstsein der Mitarbeiter für den Sinn ihrer Arbeit.

Strategie 20: Schriftliche Jahresziele für die ganze Firma sind unerlässlich.

Wer mein Erfolgspaket »Noch erfolgreicher! mit Zielen« besitzt, das zu den erfolgreichsten Produkten der Rusch-Firmengruppe gehört, weiss, für wie wichtig ich Jahresziele erachte.

Schon seit meinem 19. Lebensjahr setze ich mir persönlich Jahr für Jahr Jahresziele und halte sie schriftlich fest. Ich habe nie ein Jahr ausgelassen. Geschäftlich fing ich allerdings erst viel später damit an – und das war ein Fehler. Man sollte aber nicht die privaten Jahresziele mit den geschäftlichen vermischen. Es gibt zwar dann und wann Überschneidungen, aber Privat- und Berufsleben brauchen gesonderte Zielsetzungen. Die Firmenziele sollten auch Ihre Mitarbeiter sehen können, zumindest die meisten dieser Ziele. Die privaten Ziele hingegen gehen andere nichts an.

Bei uns erhalten alle Mitarbeiter die Firmen-Jahresziele, die in der Regel einen Umfang von drei DIN-A4-Seiten haben. Es gibt unter den Firmenzielen lediglich eine Rubrik mit dem Vermerk »Geheim«, die fast niemand erhält. Alle anderen Ziele sind für alle sichtbar und auch überprüfbar.

Damit komme ich auch gleich auf die wichtigsten Praxistipps zum Thema »Zielsetzung« zu sprechen:

- Die Ziele sollten – in Bezug auf das Erreichte – so weit wie möglich messbar sein. Wenn ich also schreibe, dass im Jahr 2009 vier Alex-Rusch-Erfolgspakete auf den Markt kommen sollen, ist der Erfolg an dieser Vorgabe messbar. Übrigens, dieses grosse Ziel haben wir 2009 auch tatsächlich erreicht, und darauf bin ich wirklich stolz, denn es steckt eine Menge Arbeit in der Verwirklichung dieses Vorhabens. Aber um ganz ehrlich zu sein: Zwei dieser Erfolgspakete waren schon seit zwei bis drei Jahren in der Vorbereitungs- und Produktionsphase, sodass »nur« noch die Fertigstellung bewältigt werden musste, was aber auch ziemlich arbeitsintensiv war.

- Die Ziele müssen für alle klar verständlich sein. Das Setzen und Verfolgen und Erreichen von Zielen ist keine Alibi-Veranstaltung, sondern soll die Firma wie eine Art Turbomotor voranbringen. Und zerlegen Sie die grossen Hauptziele in Teilziele, die es schrittweise zu erreichen gilt. Damit behält man besser die Übersicht und kann sich beispielsweise schon am Ende jedes Quartals über Teilerfolge freuen.

- Man braucht eine gute Struktur, insbesondere wenn Sie über eine grosse Anzahl von Firmenzielen verfügen, wie das bei uns der Fall ist. Entsprechend müssen die drei DIN-A4-Seiten unbedingt eine übersichtliche Gliederung mit verschiedenen Rubriken haben. Wir unterteilen in die folgenden Rubriken:

- Produkte / Dienstleistungen
- Team-Player
- Planung / Organisation
- Unternehmenskultur
- Marketing / Vertrieb
- Finanzen
- Investitionen
- Geheimes

- Die Ziele, die Sie sich setzen, müssen gross genug sein. Schliesslich sollen sie kraftvoll anspornen und Sie und Ihr Team dazu bewegen, über sich hinauszuwachsen. Wir in der Rusch-Firmengruppe erreichen oft nur 70 Prozent unserer Jahresziele, aber auch das ist durchaus beachtlich, da wir uns immer sehr viel vornehmen.

Wenn Sie diese vier Punkte beachten, sind Sie schon auf einem guten Weg. Falls Sie in Ihrer Firma noch nicht mit schriftlich festgelegten Jahreszielen arbeiten, sollten Sie unbedingt gleich damit beginnen. Das ist für jede Firma unverzichtbar, selbst für Einmannbetriebe.

Sie werden sehen – es macht Spass, mit Jahreszielen zu arbeiten und das Erreichte daran messen zu können.

Strategie 21: Beschaffen Sie sich das richtige Wissen, statt »das Rad neu zu erfinden«!

Vor einer Woche führte ich mit einem Klienten ein Vorgespräch für einen »Tag des geschäftlichen oder persönlichen Durchbruchs« in der Schweiz. Ich war beeindruckt, was er mir da sagte: Er wolle sich das Wissen von den Besten vermitteln lassen, anstatt viele teure Fehler zu machen und Zeit zu verschwenden. Besonders gefreut habe ich mich, dass er dann noch hinzufügte, in welchen Bereichen er sich von mir Wissen erhoffte, nämlich auf den Gebieten Unternehmensaufbau, Marketing und PR.

Er hatte verstanden, was viele noch nicht erkannt haben. Ihm brauchte ich es noch nicht einmal zu erklären. Hier darf ich es aber näher erläutern:

Wenn man nicht das erforderliche Wissen besitzt, macht man teure Fehler – zum Teil sogar sehr teure Fehler. Angenommen Sie stecken 10 000 Euro in eine Marketingaktion – und diese wird ein Flop. Dann ist das Geld unwiederbringlich verloren. Wäre es da nicht besser gewesen, 2000 Euro für ein Marketing-Erfolgspaket beim Alex Rusch Institut auszugeben?

Sie denken jetzt vielleicht:

»Alex Rusch macht wieder Eigenwerbung!« …

Nein, im Ernst. Diesen Fehler habe ich früher auch gemacht. Ich war zu geizig, um Geld für höherpreisige Erfolgspakete und andere Weiterbildungsmedien auszugeben. Dadurch verlor ich Jahre, denn die Spitzenexperten verbreiten Ihre besten Tipps und Strategien mit Sicherheit nicht in einem Gratisratgeber oder 20-Euro-Buch, sondern reservieren sie für teure Seminare, für Privatklienten oder gelegentlich für Erfolgspakete. Ja, ich sage es, wie es ist. Leider habe ich Jahre gebraucht, das zu erkennen.

Etwas Zweites hatte mein Consulting-Klient auch richtig erkannt: Es gibt ein wertvolles Gut, das unwiederbringlich ist, nämlich Zeit. Wenn Sie also infolge fehlenden Wissens sozusagen »das Rad neu erfinden« müssen, verlieren Sie damit Jahre oder gar Jahrzehnte Ihres Lebens. Auch mir erging das so. Obwohl ich mich seit meinem 17. Lebensjahr Tag für Tag weiterbildete, war ich manchmal zu kleinlich bei meinen Weiterbildungsausgaben, sodass mir manches wichtige Wissen entging.

Darüber habe ich auf der CD »Hätte ich das vor 15 Jahren gewusst, wäre ich heute um Millionen reicher«, die alle Erfolgsturbo-Abonnenten beim Abschluss des Abos gratis erhalten, ganz offen gesprochen. Zahlreiche Kunden bezogen sich daraufhin in E-Mails und Telefongesprächen auf genau jenen Abschnitt und das darin erläuterte Kernprinzip. Ein Kunde schrieb mir zum Beispiel:

»Sie haben damit meine Denkblockade gebrochen.«

Nun sind Sie sicherlich gespannt, worum es in diesem Kernprinzip geht. Das möchte ich Ihnen auch nicht vorenthalten.

Die Überschrift lautet:

Wir brauchen die bestmöglichen Weiterbildungsprodukte und müssen auch bereit sein, dafür entsprechend viel Geld auszugeben.

Die CD wurde übrigens ebenfalls – wie alle meine Hörbücher – von meiner Hörbuchstimme Armin Berger gelesen. Und hier nun der Auszug:

Auch ich habe länger gebraucht, bis schliesslich bei mir der Groschen fiel. Doch gerade auf dieses Thema trifft der Satz: »Hätte ich das vor 15 Jahren gewusst, wäre ich heute um Millionen reicher« fast am stärksten zu.

Teilweise habe ich mich zwar schon richtig verhalten, und das sogar bereits im Alter von 20 Jahren. Reiner Kreutzmann, der Geschäftsführer der Firma Bindesysteme Schönherr, sagt zum Beispiel, man müsse mindestens so viel für seine Weiterbildung ausgeben wie für sein Auto.

111

Konkret würde das also zwischen 4000 und 20000 Euro pro Jahr bedeuten, je nachdem, welches Auto man fährt.

Wenn ich zurückblicke, dann stelle ich fest, dass ich es tatsächlich schon seit meinem 20. Lebensjahr so mache. Weiterbildung hatte bei mir immer die Priorität Nummer eins, auch in jungen Jahren, als ich mir eigentlich noch nicht viel leisten konnte. Aber ich fand Wege, es zu finanzieren, zum Teil eben mit Krediten. Dagegen spricht auch nichts, denn das sind ja keine Konsumschulden, sondern Weiterbildungsschulden. Weiterbildung heisst »Investition in die Zukunft«.

Diesen Teil habe ich also damals schon richtig gemacht, was ja auch dazu führte, dass ich bereits mit Ende 20 ein Millionenunternehmen besass. Ich wollte jedoch nicht stehen bleiben und wurde Mitglied der »Young Entrepreneurs Organization«, bei der man unter 40 sein musste und über eine Million Dollar Jahresumsatz brauchte. Ich ging dann acht Jahre lang einmal im Jahr – in manchem Jahr sogar zweimal – nach Amerika, um an den Unternehmerkongressen dieser Organisation teilzunehmen. Das kostete mich jedes Mal mehrere Tausend Euro für diese vier Kongresstage. Aber ich konnte dabei Dinge lernen, die ich sonst nie erfahren hätte.

Obwohl ich also für einen Kongress mehrere Tausend Euro pro Jahr ausgab, hatte ich eine innere Blockade bei den Kosten für Hörbücher und Erfolgspakete. Jahrelang lag mein persönliches Limit bei 80 Dollar je Hörbuch. Das war wirklich wie eine psychische Blockade – ich sträubte mich innerlich, mehr für Hörbücher auszugeben. Natürlich – ein Fehler!

Dann, im Jahr 2004, konnte ich mich endlich überwinden, auch einmal ein CD-Set für 300 Dollar in Amerika zu bestellen. Was ich mit diesen CDs lernte, verschaffte mir einen grossen Schub Motivation, und ich lernte einige Strategien, die meine Firmengruppe einen erheblichen Schritt voranbrachten.

Meine Kaufblockade lag nunmehr bei einem Limit von 300 Dollar je Hörbuch. 2007 konnte ich mich nach langem Hin und Her dazu überwinden, für 800 Dollar ein Weiterbildungs-DVD-Set zu kaufen. Was ich da lernte, hatte auf unser Marketing eine Wirkung, die ich nicht für möglich gehalten hätte. Ich bin so froh, dass ich damals dieses Geld ausgegeben habe.

Und irgendwann erwarb ich ein Erfolgspaket für 2000 Dollar. Ja, 2000 Dollar für eine Box mit CDs und zwei Arbeitsbüchern. Aber auch das hat sich wirklich gelohnt, und wir haben es durch eine Umsatzsteigerung um ein Vielfaches wieder eingespielt.

Ich erzählte Ihnen das so ausführlich, weil ich das Problem bei unseren Kunden immer wieder sehe: Sobald etwas mehr als 100 oder 200 Euro kostet, sind sie manchmal regelrecht innerlich blockiert. Und dadurch bleibt ihnen der Zugang zu wertvollem und zum Teil bahnbrechendem Wissen verwehrt, und sie verlieren sowohl Arbeits- als auch Lebenszeit. Man muss nun einmal 500 oder 1000 oder auch 2000 Euro ausgeben, wenn man wirklich wertvolles und sehr fundiertes Spezialwissen erwerben möchte. Bei einem 20-Euro-Buch hält der Autor vielleicht besondere Kenntnisse zurück, weil er möchte, dass die Leser sein Seminar besuchen. In einem 1000-Euro-Erfolgspaket ist jedoch alles relevante Wissen enthalten.

Aber Achtung: Ein hoher Preis allein garantiert noch lange nicht, dass der Inhalt und der Autor gut sind. Auch mir unterliefen in Amerika schon Fehlgriffe. Einmal sogar bei einem 3000-Dollar-CD-Set mit einer Tonqualität, die nicht hätte schlechter sein können. Und auch in Deutschland passierte mir einmal ein Fehlgriff bei einem sogenannten Marketing-Guru. Daher ist es schon wichtig, dass man nur von den Besten kauft. Und zwar in doppelter Hinsicht. Also: gute Inhalte und gleichzeitig eine hohe Qualität der Audio- und Video-Aufnahmen. Zu den besten Adressen gehören natürlich der Rusch Verlag, der Aufsteiger-Verlag, das Alex Rusch Institut und die Noch erfolgreicher! AG.

Wir arbeiten zum Beispiel bei den Videoaufnahmen meist mit vier Kameras, und alles wird professionell geschnitten, sodass wir eine Qualität bieten können, die uns niemand so leicht nachmacht.

Wenn man sich weiterbildet, sollte man immer darauf achten, dass man das Beste vom Besten erhält. Das Wertvollste, was Sie und Ihr Team besitzen, ist _Zeit_. Daher lohnt es sich, wenn man durch den Kauf von Hörbüchern und Erfolgspaketen so eine Art Abkürzung auf dem Weg zum Erwerb des Wissens nehmen kann.

Das war also der Auszug aus der CD »Hätte ich das vor 15 Jahren gewusst, wäre ich heute um Millionen reicher«.

Ich sehe schon, dass nun einige von Ihnen eine abwehrende Handbewegung machen werden und insgeheim denken: »Der will doch nur Erfolgspakete verkaufen …!«

Es ist ja ganz selbstverständlich, dass ich als Verleger unsere Produkte verkaufen möchte, denn die Umsatzförderung ist ein wesentliches Element des Unternehmertums. Und ausserdem bin ich natürlich auch von unseren Angeboten begeistert. Aber hier geht es mir nicht in erster Linie »ums Geschäft«, sondern darum, Ihre Bereitschaft zu wecken, in Wissen zu investieren, damit Sie einerseits Ihre sonst unerfüllbaren Vorhaben verwirklichen und andererseits viel schneller vorankommen können.

Hätte ich selbst früher die Bereitschaft entwickelt, für gute amerikanische Erfolgspakete 1000, 2000 oder 3000 Dollar auszugeben, wäre mir nicht jahrelang wertvolles Wissen entgangen. Zum Beispiel hätte ich viel früher mit professionellem E-Mail-Marketing begonnen. Über Jahre hin haben wir lediglich alle vier bis sechs Wochen den »Rusch Internet-Brief« verschickt, aber die Möglichkeiten von professionellem, systematischem E-Mail-Marketing mit Opt-in-Kampagnen, sequenziellen E-Mailing-Kampagnen, Sonderangebot-Kommunikation und Ähnlichem gar nicht richtig genutzt. Allein damit hätten wir Millionen mehr Umsatz erzielen können, insbesondere auch, weil Ende der Neunzigerjahre E-Mails noch viel intensiver gelesen wurden und auch das Spamfilter-Problem noch nicht bestand.

Nun, ich habe daraus gelernt und investiere jetzt noch mehr Geld in meine Weiterbildung als bisher. Ich möchte fortwährend mit meinem Wissen über meine Schwerpunktthemen auf dem allerneuesten Stand sein: also über State-of-the-Art- oder Cutting-Edge-Kenntnisse verfügen, wie man das neuerdings nennt. Und der für meine Kunden und Klienten wichtige Nebeneffekt ist dabei, dass ich stets aktuelles Wissen für die Mitglieder des »Alex Rusch Inner Circle« und für meine »Round Table«-Mitglieder präsent habe.

Beachten Sie einen weiteren wichtigen Punkt:

Am teuersten ist immer die Arbeitszeit des Unternehmers.

Und am zweitteuersten ist?

Die Arbeitszeit der Mitarbeiter.

Genau! Daher lohnt es sich, in Wissen zu investieren, mit dem man bewirkt, dass die Zeit und das Betriebskapital, das Sie und Ihr Team verkörpern, optimal genutzt werden.

Die Faustregel lautet, wie Sie vorhin gehört haben:

Investieren Sie mindestens so viel in Ihre persönliche Weiterbildung wie in Ihr Auto!

Gleichzeitig sollten Sie auch für Ihr Team ein Weiterbildungsbudget bereitstellen. Schenken Sie Ihren Mitarbeitern Bücher, Hörbücher, DVDs und Erfolgspakete. Und schicken Sie sie gelegentlich in Seminare. Führen Sie auch selbst regelmässig interne Schulungen durch. Ausserdem lohnt es sich, von Zeit zu Zeit einen wirklich guten Consultant in die Firma kommen zu lassen, der neue Ideen einbringt und den ganzen Betrieb mit anderen Augen betrachtet als die im Laufe der Zeit immer etwas betriebsblind werdenden »Insider«.

Strategie 22: Machen Sie aus Ihrer Firma eine »lernende Organisation«!

Eines ist sicher: Ihre Firma wird nie ganz perfekt werden. Dessen müssen Sie sich von Anfang an bewusst sein. Es wird immer neue Herausforderungen und »offene Baustellen«, wie ich das nenne, geben. Auch wenn Sie über ein gutes Marketing- und Vertriebskonzept verfügen, kann es zu vorübergehenden Umsatzeinbrüchen kommen. Und selbst wenn Sie Ihre Mitarbeiter sehr sorgfältig und systematisch aussuchen, machen Sie gelegentlich einen Fehlgriff und haben dann einen C-Mitarbeiter im Team, den Sie während der Probezeit wieder gehen lassen müssen, was Sie auch tun sollten. Auch EDV-Probleme wird es immer wieder einmal geben. Und selbst wenn Sie eine vorbildliche Kundenbetreuungsabteilung haben, wird auch dort ab und zu etwas schieflaufen oder ein neues Problem auftauchen.

Dennoch sollten Sie sich unbedingt das Ziel setzen, dass Ihre Firma Tag für Tag, Monat für Monat, Jahr für Jahr besser wird. Und deshalb lautet ja auch unsere Strategie Nummer 22, dass wir aus der Firma »eine lernende Organisation« machen sollten.

Man könnte es auch noch anders formulieren, nämlich:

Optimieren Sie fortwährend alles, und halten Sie den Lerngewinn schriftlich fest!

In den meisten Firmen ist es doch so, dass zwar von Zeit zu Zeit so manches verbessert oder in Ordnung gebracht wird, dass man dies aber nicht in den Kontext eines Systems bringt. Wenn man so vorgeht, entsteht nur Flickwerk. Und deshalb kann es passieren, dass sich dann doch wieder alte Fehler, Pannen, schlechte Gewohnheiten einschleichen – insbesondere dann wenn es einen Personalwechsel gibt.

Aus diesem Grund sind – wie im Erfolgspaket »Die 24 Rusch-Bausteine zur deutlichen Steigerung Ihres Unternehmenserfolges« gesagt wird und wie ich auch hier schon öfters erwähnt habe – ein Mitarbeiter-Handbuch, eine Mitarbeiter-Info-CD sowie interne Screen-Capture-Schulungsvideos unverzichtbar. Und so etwas muss fortwährend aktualisiert werden.

Das vorliegende Werk soll Ihnen ja vor allem Impulse geben. Für mehr reicht der Platz nicht. Deshalb gebe ich Ihnen hier nur ein paar weitere Tipps, wie Sie Ihre Firma zu einer »lernenden Organisation« machen können:

- Führen Sie einmal pro Monat mit Ihrem Team eine sogenannte KVP-Sitzung durch. KVP heisst »kontinuierlicher
Verbesserungsprozess«. Am besten findet die Sitzung zu
einer fixen Zeit – wie zum Beispiel jeden ersten Dienstag
des Monats von 17.00 bis 18.00 Uhr – statt.

- Bitten Sie Ihre Kunden um Rückmeldungen, Beurteilun-
gen, Meinungsäusserungen mithilfe von Feedbackformu-
laren auf Ihren Websites. Versenden Sie solche Fragefor-
mulare auch per Post, oder nutzen Sie Telefongespräche
für derartige Erkundigungen. Achten Sie vor allem darauf, was Ihre A-Kunden wünschen. Auch auf Messen, bei
einem »Tag der offenen Tür« oder weiteren Kundenver-
anstaltungen sollten Sie die Chance nutzen, Ihre Kunden
nach deren Meinung und Wünschen zu fragen. Ganz
besonders sollten Sie sich nach Verbesserungswünschen
erkundigen.

Um es nochmals auf den Punkt zu bringen: Alles, was verbessert wird, muss in schriftlichen Abläufen und in weiteren
internen Dokumentationen verankert werden, damit die er-
reichten Verbesserungen dauerhaft bestehen bleiben.

121

Strategie 23: Nutzen Sie alle technischen Möglichkeiten aus!

Dieser Rat ist zugleich einer der Bausteine des Erfolgspakets »Die 24 Rusch-Bausteine zur deutlichen Steigerung Ihres Unternehmenserfolges«.

Ich finde, das ist das Grossartige im 21. Jahrhundert: Man hat auch als kleines oder mittelgrosses Unternehmen eine viel bessere Ausgangslage als früher. Man kann nahezu die gleichen Chancen wahrnehmen wie Grosskonzerne. Im Vordergrund stehen Innovation, Marketing und eine gekonnte Umsetzung. Früher, im sogenannten Industriezeitalter des 20. Jahrhunderts, konnte man ohne grosse Maschinen, Immobilien, Rohstoffzugang, Grossrechner und dergleichen kaum auf die Beine kommen – geschweige denn auf einen grünen Zweig. Heute, im digitalen Zeitalter des 21. Jahrhunderts, stehen praktisch jedem alle technischen Möglichkeiten zur Verfügung. Und sie kosten nur noch einen Bruchteil dessen, was man früher einmal dafür aufzubringen hatte. Man muss sie nur zu nutzen wissen! Doch das tun die Wenigsten wirklich!

Bei vielen Firmen stelle ich eine gewisse Angst vor der Technik fest – und zum Teil schlichtweg eine Bequemlichkeit, wenn es darum geht, sich mit Neuem zu beschäftigen. Aber eines kann ich Ihnen sagen: Es lohnt sich, die neuen technischen Möglichkeiten gründlich kennenzulernen und beharrlich nach optimalen Einsatzmöglichkeiten dafür in der eigenen Firma zu suchen.

Als ich die Idee für »Wochenlektionen für Unternehmer und Selbstständige« hatte, wollte ich, dass das alles vollautomatisch funktioniert. Der Kunde meldet sich selbst ohne die Hilfe eines Kundendienstmitarbeiters online an, gibt seine Kreditkartennummer oder seine Lastschriftermächtigung ein und erhält dann jede Woche automatisch mittels einer E-Mail einen Link zu einer Lektion, die aus einem kurzen Video, das wir aufwendig auf Mallorca gedreht haben, einem Audio sowie einem Hotsheet in Form eines PDF-Downloads besteht.

Das alles war gar nicht so einfach, denn es erforderte mehrere Elemente, die miteinander funktionieren mussten. Erst einmal musste der Content, also der Inhalt, erstellt werden. Dazu gehörten die Dreharbeiten für das Video auf Mallorca mit Chefkameramann Franco Di Nunzio sowie meiner Assistentin. Danach mussten die Aufnahmen in ein Format gebracht werden, das relativ schnell hochlädt. Ich selbst hatte die Audios zu produzieren. Und ein Quintessenzblatt in Form eines Hotsheets musste nicht nur geschrieben, sondern auch lektoriert und grafisch attraktiv umgesetzt werden. Und dazu kamen noch so manche Details.

124

Damit war aber erst der inhaltliche Teil erledigt. Nun brauchte man eine Internet-Applikation, die den Zugang verwaltet und darauf achtet, dass der Kunde mit seinem individuellen Log-in in der ersten Woche die Inhalte von Woche eins und in der zweiten Woche die Inhalte von Woche eins und Woche zwei vorfindet.

Darüber hinaus brauchten wir den Anbieter eines externen Zahlungssystems, in unserem Fall Worldpay. Gleichzeitig nahmen wir auch Paypal dazu, weil manche Kunden die Gewohnheit haben, damit zu bezahlen.

Daran sehen Sie, es gab einige Herausforderungen und mögliche Fallstricke. Das ganze Projekt dauerte schliesslich auch über ein Jahr, bis es startbereit war. Aber jetzt läuft es. Ausdauer zahlt sich aus. Sie können es sich ja einmal ansehen unter www.wochenlektionen.com. Die ersten vier Wochen sind sogar kostenlos.

Mit diesem ausführlichen Beispiel wollte ich Ihnen nur demonstrieren, dass es unzählige technische Möglichkeiten gibt. Sie müssen sie nur finden, evaluieren, auswählen und dann in Ihr eigenes Geschäftsmodell integrieren.

Manchmal ist es sogar gut, wenn etwas Ausdauer und Hartnäckigkeit erfordert. Solche Hindernisse halten alle – oder die meisten – Ihrer Mitbewerber ab. Oder aber Sie gewinnen – wenn Sie dranbleiben – einen Vorsprung von einem bis zu drei Jahren, was auch schon einmal etwas ist.

Strategie 24: Nutzen Sie Onlinevideos für die unterschiedlichsten Zwecke!

Onlinevideos sind aus gutem Grund eine der 27 Strategien dieses Hörbuchs und Buches, denn es ist gewaltig, was Sie damit alles erreichen können – sofern Sie es richtig anpacken.

Die Titelgeschichte der Ausgabe 04-2009 der Zeitschrift »Noch erfolgreicher!« handelte davon. Die Headline hiess:

»Der gezielte Einsatz gut gestalteter Onlinevideos kann Sie reich machen. Leider werden oft fatale Fehler begangen …«

In Amerika werden Onlinevideos schon recht häufig eingesetzt. Im deutschen Sprachraum sind sie ebenfalls im Kommen. Leider aber ist die Qualität kommerzieller Onlinevideos, wie man sie auf Websites und auf Videoportalen vorfindet, oft katastrophal. Und auch die Inhalte sind meist sehr dürftig.

Doch heutzutage gibt es keine Ausrede mehr für schlechte Qualität, denn eine gute Ausrüstung kostet nicht mehr Hunderttausende Euro wie noch im letzten Jahrhundert. Wenn zum Beispiel die Tonqualität eines Onlinevideos so schlecht

127

ist wie in einem Homevideo, dann disqualifiziert das die Firma ebenso wie das Angebot – und zwar zu Recht. Für wenige Hundert Euro bekommen Sie doch schon ein gutes Krawattenmikrofon.

Wenn Sie also Onlinevideos für Ihre Firma produzieren, sollten Sie entweder Profis beauftragen – oder aber Sie und Ihr Team sollten lernen, wie es geht, zum Beispiel mit Modul 4 des »Alex Rusch Web-Marketing«-Erfolgspakets, das sich ausschliesslich dem Thema Onlinevideo widmet.

Die Lernerkenntnis Nummer eins hier ist also, dass ein Onlinevideo gut produziert werden sollte. Es muss ja nicht perfekt sein – man darf durchaus das Flair eines mittelständischen Betriebes spüren –, aber die Qualität des Onlinevideos soll doch zeigen, dass es Ihrer Firma ernst ist mit dem Qualitätsanspruch.

Wenn Sie sich eingehender mit dem Thema Onlinevideos beschäftigen, werden Sie merken, dass es erstaunlich viele verschiedene Einsatzbereiche gibt.

Was Ihnen sicherlich als Erstes in den Sinn kommt, sind sogenannte Infovideos, wie Sie sie auf den Websites der Rusch-Firmengruppe häufig sehen. Darin werden in wenigen Minuten Produkte oder Dienstleistungen auf informative und unterhaltsame Weise präsentiert.

Und am Schluss gibt es natürlich einen sogenannten »Call for action« – also eine Handlungsaufforderung.

Sie könnten aber Onlinevideos auch dafür nutzen, dass sich Stellenbewerber besser über Ihre Firma informieren können. So wissen diejenigen gleich, was die Firma zu bieten hat und welche Erwartungen an die Mitarbeiter gestellt werden.

Onlinevideos können Sie aber auch als Kundenbindungsinstrument verwenden, wie wir das zum Beispiel auf www. rusch-tv.com tun, wo wir mehrere Sendeformate wie etwa »Rusch Talk« und die »Rusch Erfolgstipp Show« anbieten. Damit bleiben wir auf lockere, unterhaltsame und lehrreiche Weise mit unseren Kunden in Kontakt.

Aber auch auf Blogs kann man Videos einsetzen, wenn man zum Beispiel eine Video-Botschaft aufzeichnet.

Und für passwortgeschützte Exklusivbereiche von Websites – wie zum Beispiel für den Erfolgsturbo-Exklusivbereich unter www.noch-erfolgreicher.com/turbo – produzieren wir auch regelmässig exklusive Onlinevideos, die nur diejenigen Kunden, die Zugang hierzu haben, sehen dürfen.

Was man bisher viel zu selten sieht, sind Onlinevideos als Ersatz oder Ergänzung schriftlicher Gebrauchsanweisungen für ein Produkt. Wenn ich ein neues Handy kaufe, würde ich mir liebend gerne solch ein Bedienungsanleitungsvideo auf der Website des Herstellers ansehen. Und auch für meinen *Jaguar* hätte ich mir ein

Infovideo gewünscht, das mir die vielen Funktionen des Bordcomputers genauer erklärt hätte. Aber leider gab es das nicht.

Auch für interne Schulungen eignen sich Videos hervorragend. Zum einen kann man mit einem Screen-Video neuen Mitarbeitern die Computerprogramme der Firma durch das gleichzeitige Aufzeichnen von Bildschirmaktivitäten und der Stimme der Person, die das Programm erklärt, verständlich machen. Und zum anderen bieten sich auch Aufzeichnungen von Schulungen oder kurze, direkt in die Kamera gesprochene Videobotschaften des Schulungsleiters oder des CEO an.

Das waren nur einige wenige Anregungen für den Einsatz von Onlinevideos. Nutzen Sie die grossartigen Chancen, die sich Ihnen hier eröffnen!

Am besten klicken Sie sich einmal durch alle Websites der Rusch-Firmengruppe und schauen Sie sich an, welche Arten von Onlinevideos wir selbst einsetzen. Hierfür erhalten wir täglich Lob und viele positive Feedbacks, was uns natürlich sehr freut und motiviert, noch mehr zu tun und noch besser zu werden. Sie wissen ja: *Mehr ist möglich!*

Strategie 25: Umgeben Sie sich mit anderen erfolgreichen Unternehmern, motivieren Sie sich gegenseitig, und tauschen Sie untereinander Ideen und Know-how aus!

Die besten Resultate mit dieser Strategie erzielt man in einem systematisierten »Unternehmerforum«, das den Zweck verfolgt, dass die Teilnehmer Know-how austauschen und sich gegenseitig anspornen. Wir benutzen intern den Begriff »Round Table«.

In Amerika sind solche Round Tables unter erfolgreichen Unternehmern stark verbreitet. Im deutschen Sprachraum kennt man sie noch recht wenig. Die Vorteile sind jedoch gewaltig. Ich würde sogar sagen, es gibt nichts Wirksameres, um maximale Erfolge herbeizuführen.

Die Grundidee beruht auf dem Braintrust-Prinzip von Napoleon Hill. Es ist eines der Erfolgsgesetze in seinem epochalen Werk »Think and Grow Rich«. Dieses Erfolgsgesetz wurde für den Round Table nach den neuesten Erkenntnissen aus Amerika weiterentwickelt.

In Amerika sagt man, bei diesen Round Table Meetings würden geradezu Wunder vollbracht. Oder in Originalsprache: **Magic happens.**

Alle Unternehmer, die Mitglieder solch eines Round Table sind, besitzen unterschiedliche Firmen aus ganz verschiedenen Branchen. Dort trifft man als Unternehmer auch nicht auf die typischen »Ja-Sager«, die man oft in der eigenen Firma oder in seinem gewohnten Umfeld hat und deren Meinungen wertlos sind oder betriebsblind machen. Hier hört man die Wahrheit. Und hier wird man herausgefordert, Vorhaben umzusetzen und grosse Dinge zustande zu bringen.

Beim nächsten Meeting – bei unserem Round Table nach vier Monaten – wird man von den anderen Mitgliedern gefragt, ob man die erwähnten Umsetzungspunkte in Angriff genommen habe. Man muss also in der Runde Rechenschaft ablegen – auf Englisch hört sich das etwas positiver an: *accountability.* Und das bedeutet auch: Verantwortung!

Und im Round Table entsteht ein freundschaftlicher Konkurrenzkampf. Man versucht, bis zum nächsten Round-Table-Termin noch mehr zu erreichen, um dort davon erzählen zu können.

Grosse Denker und grosse Umsetzer von Erfolgsstrategien sitzen zwei Tage lang gemeinsam in einem Raum. Das färbt ab. Und es entsteht gewaltige Power.

Man kann schliesslich auch gemeinsam Siege feiern, denn beim Round Table gibt es keine Neider, sondern man freut sich über die erzielten Erfolge der anderen und versucht, für sich selbst etwas daraus zu lernen, das man dann auch umsetzen kann.

Diese »Magie« ereignet sich jedoch nur, wenn sich der Round Table aus den richtigen Leuten zusammensetzt und auf eine klar strukturierte, disziplinierte, systematische Weise durchgeführt wird.

Daher habe ich nun eigene »Rusch Round Tables« gegründet. Mehr dazu erfahren Sie unter www.alexrusch.com/roundtable. Dort steht auch, welche Voraussetzungen erfüllt sein müssen, damit man sich bewerben kann.

Ich war selbst acht Jahre lang Mitglied eines Round Table mit rund einem Dutzend Schweizer Millionenunternehmer. Das war für mich sehr inspirierend und lehrreich und hat stark zu meinem unternehmerischen Erfolg beigetragen.

Als ich den »Rusch Millionen-Unternehmer Round Table« sowie den »Rusch Erfolgswissen-Anwender Round Table« ins Leben rief, tat ich das in dem Wissen, dass diese Strategie definitiv bei jedem Unternehmer zur einer Maximierung des Erfolges führt. Ich wollte unseren Kunden diese Möglichkeit eröffnen. Hier kann ich meine Round-Table-Erfahrung sowie mein gesamtes Erfolgs-Know-how einbringen. Ich moderiere den Round Table – das ist eine sehr wichtige Aufgabe, damit kein »Kaffeekränzchen« daraus wird, sondern alle Mitglieder viel voneinander lernen und der Braintrust-Effekt voll zur Wirkung kommt.

Vielleicht werden Sie ja auch irgendwann einmal Mitglied eines »Rusch Round Table«? Oder aber Sie tauschen sich zumindest regelmässig mit anderen erfolgreichen Unternehmern bei Gelegenheiten wie etwa einem Rusch-Seminar aus.

Strategie 26: Seien Sie offen für neue Ideen, neue Ansatzpunkte und ungewöhnliche Wege!

Beim Kontakt mit den Kunden unserer Erfolgspakete sowie den »Inner Circle«- und »Round Table«-Mitgliedern stosse ich immer wieder einmal auf eine schädliche Grundhaltung: das »Ich weiss das schon alles«-Syndrom. Zum Glück leide ich nicht darunter, sondern bin mir dessen bewusst, dass ich noch sehr, sehr viel Neues dazulernen kann.

Wenn also jemand nach einem Seminar oder nach dem Durcharbeiten eines Erfolgspakets sagt:
Das wusste ich alles schon. Ich habe nichts Neues gelernt.

– dann signalisiert das eine Gefahr für den Betreffenden. Dieser Mensch ist nicht mehr offen für Informationen, Ideen, Anregungen und neue Aspekte. Weil er glaubt, er wisse das alles schon, hört er überhaupt nicht mehr richtig hin.

Es ist nicht ohne guten Grund so, dass ich mir auch heute noch nach über 20 Jahren Berufserfahrung nach wie vor täglich CDs im Auto anhöre und mehrmals pro Woche DVDs am Fernseher anschaue und darüber hinaus auch noch Bücher, Newsletters, Blogs und anderes lese.

Man kann nie genug wissen, und in unserem globalen Informationszeitalter entstehen pausenlos neue Erkenntnisse. Wer da behauptet, er habe »ausgelernt«, ist recht arm dran. Es gibt immer wieder neue Ideen, die bei mir auf fruchtbaren Boden fallen, oder ich entdecke eine neue Herangehensweise an ein altes, oft unzulänglich gelöstes Problem. Manchmal lerne ich einen Teilaspekt kennen, der mir bisher noch nicht bekannt war.

Ausserdem – und das ist auch sehr wichtig – werde ich immer wieder daran erinnert und dazu angeregt, Dinge verstärkt oder neu in Angriff zu nehmen, die aus unterschiedlichen Gründen nie so recht vorangekommen waren.

Wenn ich zum Beispiel auf einer CD höre, dass man auf Bestellformularen gezielt die Möglichkeiten von »Upselling« nutzen sollte, erinnert mich das daran, einmal nachzufragen, wie erfolgreich und konsequent wir das eigentlich tun – wenn überhaupt.

Eine weitere Erfolgsbremse ist es, wenn ein Kunde sagt:

Das haben wir schon einmal ausprobiert. Es hat aber nicht funktioniert.

Auch hier muss man vorsichtig sein. Einerseits kann sich die Situation ja vielleicht seither verändert haben. Wenn jemand 1999 etwas ausprobiert hat, das damals trotz guter Umsetzung nicht klappte, heisst das noch lange nicht, dass es heute nicht vielleicht doch funktionieren würde.

Andererseits ist es ja möglich, dass es damals nicht optimal umgesetzt wurde. Wenn mir also zum Beispiel jemand sagt, er habe *Google AdWords* ausprobiert und keinen Erfolg damit gehabt, kann es an vielen Faktoren liegen. Einer der häufigsten Gründe des Scheiterns bei *AdWords* ist, dass eine Website nicht am Direktmarketing orientiert aufgebaut ist und somit zwangsläufig zu einer schlechten Umwandlung führen »muss«. Wenn die Website schlecht ist, nützt auch viel Traffic nichts, nicht einmal dann, wenn die Zielgruppe optimal passt.

Was glauben Sie, warum kaufen Unternehmer mit Millionengewinnen – ja, Gewinn, nicht Umsatz! – bei uns Erfolgspakete, buchen Seminare oder sind Mitglieder bei einem »Rusch Round Table«? – Es ist eben kein Zufall, dass diese Leute solche Gewinne erzielen. Sie haben von Anfang an erkannt, dass Sie offen sein müssen für neue Ideen, neue Ansatzpunkte und aussergewöhnliche Wege. Und Sie tun es weiterhin, damit ihr Gewinn auch nächstes Jahr und noch in fünf Jahren hoch sein wird.

Ich kenne viele Selfmade-Millionäre, also Unternehmer, die das Geschäft oder das Kapital nicht geerbt oder Geld in einem Glücksspiel gewonnen haben. Eines haben sie alle gemeinsam: Sie eignen sich ständig neue Kenntnisse an, sie sind neugierig, sie wissen, was sie wollen, und sie sind gute Umsetzer des mit offenen Sinnen aufgenommenen Wissens. Und vielen sieht man es an, dass sie es geniessen, neue Dinge zu lernen, und dass sie sich schon regelrecht darauf freuen, die Verwirklichung in Angriff zu nehmen.

Strategie 27: Entwickeln Sie eine hohe Umsetzungsgeschwindigkeit!

Wer schnell umsetzt, ist nahezu immer erfolgreicher als andere. Das hat verschiedene Gründe. Einer ist sicherlich, dass – wenn man etwas nicht schnell anpackt und in die Tat umsetzt – oft Jahre vergehen, bis man sich dazu aufrafft ..., oder es wird überhaupt nie getan. Und das bedeutet natürlich dann: entgangene Gelegenheiten. Währenddessen haben nämlich die Mitbewerber Sie längst überholt.

Also einmal angenommen, jemand schnappt beim »Alex Rusch Inner Circle« eine Idee auf, die bewirken würde, dass er seinen Gewinn in kürzester Zeit um 20 Prozent steigern könnte. Aber der Betreffende setzt die Idee lediglich auf seine Umsetzungsliste, tut aber nichts zu ihrer Verwirklichung. Das hat zwangsläufig entgangene Gewinne zur Folge – und zwar Jahr für Jahr. Meine Erfahrung zeigt: Je schneller jemand eine Strategie oder eine Idee umsetzt, desto grösser ist die Chance, dass er auch tatsächlich damit arbeitet. Und sobald er einmal den ersten Schritt getan hat, kommt der Ball ins Rollen. Die ersten Erfolge stellen sich ein und beflügeln das weitere Handeln eines solchen aktiven Menschen.

Ich bin bekannt für meine hohe Umsetzungsgeschwindigkeit. Viele meiner Geschäftspartner und engeren Freunde sind zuweilen geradezu verblüfft, wenn sie aus der Nähe sehen, wie schnell es bei mir von der Idee bis zur Umsetzung gehen kann. Doch das können auch Sie! Es geht ja nur darum, dass Sie sich aufraffen, sich schnell zu entscheiden, rasch und entschlossen zu handeln und Ideen, Pläne, Vorhaben konsequent umzusetzen.

Die Alex-Rusch-Erfolgspakete oder meine anderen Weiterbildungsangebote wie »Wochenlektionen für Unternehmer und Selbstständige« sind Goldminen voller Strategien, Ideen und Praxiswissen – aber wie bei einer richtigen Goldmine muss das Gold gefördert werden. Mit »Gold fördern« meine ich – bildlich gesprochen –, dass Sie Ihre Umsetzungspunkte, welche ja wie Gold-Nuggets sind, in die Tat umsetzen.

Schlusswort

Nun geht es also um die Umsetzung, meine Damen und Herren. Um die Anwendung des Gelernten, um die Verwirklichung von Ideen und Anregungen – um den Schritt vom Gedanken zur Tat.

Ich habe übrigens mit Bedacht als 27. und letzte Strategie die »hohe Umsetzungsgeschwindigkeit« gewählt. So kommen Sie gleich in Fahrt. Wichtig ist es, überhaupt einmal etwas zu tun. Dann kommt der Ball ins Rollen.

Machen wir es doch hier wie in meinen Seminaren: Suchen Sie jetzt aus Ihren vielleicht Dutzenden von Umsetzungspunkten die »Top 10« heraus. Damit meine ich die zehn Punkte, welche die grösste Wirkung auf den Erfolg Ihres Unternehmens haben werden.

Schreiben Sie diese Top10-Umsetzungspunkte in das Buch. Und legen Sie dann gleich los.

Wir machen das mit Absicht so, denn sonst sind Sie vielleicht überwältigt von den vielen Anregungen und fangen nie so richtig an. Aber zehn Punkte sind überschaubar. Und weil das die Top10-Punkte sind, werden auch die Resultate, die daraus entstehen, grossartig sein. Daraufhin werden Sie motiviert sein, noch mehr in die Praxis umzusetzen und sich noch stärker mit Erfolgsprinzipien und deren Verwirklichung zu beschäftigen.

Ich wünsche Ihnen viel Erfolg beim Umsetzen der 27 Strategien dieses Buches und Hörbuchs. Es würde mich freuen, wenn Sie mir dann von Ihren Erfolgen berichten könnten. Und nicht nur von kleinen Erfolgen! Denn Sie werden sehen, Sie werden es erleben: Mehr ist möglich!

Starten Sie durch!

Ihr
Alex S. Rusch
(www.alexrusch.com)

Empfehlen Sie dieses Werk Freunden, Geschäftspartnern und Familienmitgliedern weiter!

Oder vielleicht kaufen Sie sogar einige Exemplare von »Mehr ist möglich!« und verwenden sie als besonderes Geschenk. Der Preis ist ja besonders erschwinglich!

Muss-Produkt 1:

»Die grossen 13 Erfolgsgesetze«
von Napoleon Hill (Millionen-Bestseller)

www.napoleonhill.de

Muss-Produkt 3:

»Das Alex Rusch Erfolgssystem Anwender-Erfolgspaket«

von Alex S. Rusch

www.alexrusch.com/erfolgssystem

Muss-Produkt 4:

»Alex Rusch Web-Marketing«-Erfolgspaket
von Alex S. Rusch

www.alexrusch.com/web-erfolg

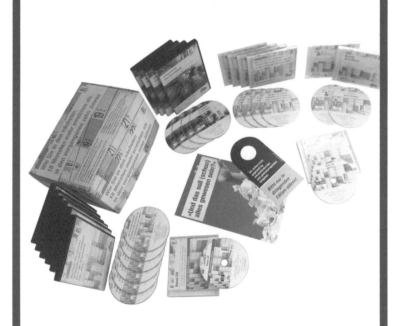

Empfohlene Websites:

Aufsteiger-Verlag GmbH
www.aufsteiger.ch

Alex Rusch Institut
www.alexrusch.com

Rusch-TV
www.rusch-tv.com

Rusch Podcast
www.rusch.ch/podcast

»Wochenlektionen« mit mehreren Formaten
www.wochenlektionen.com

Rusch Verlag AG
www.rusch.ch

Zeitschrift »Noch erfolgreicher«
www.noch-erfolgreicher.com

»Tag des Durchbruchs mit Alex S. Rusch«
www.alexrusch.com/durchbruch

»Alex Rusch Insider-Blog«
www.insider-blog.ch

»Alex Rusch Erfolgswissen-Blog«
www.erfolgswissen-blog.com

»Rusch Mini-Blog«
www.alexrusch.com/blog

Für alle, die es wirklich ernst meinen mit ihrem geschäftlichen und persönlichen Erfolg

Die Angebote des 2005 gegründeten Alex Rusch Instituts richten sich an Kunden, die fest entschlossen sind, erfolgreicher zu werden, und auch bereit sind, etwas dafür zu tun. Wir legen bei unseren Angeboten ganz bewusst den Schwerpunkt auf die Bereiche Erfolgsstrategien, Unternehmer-Know-how, Webmarketing und Marketing – also auf Bereiche, die am stärksten zum Erfolg beitragen.

Gehören Sie auch zu denjenigen, die es ernst meinen mit ihrem Erfolg? Dann sehen Sie jetzt unter www.alexrusch.com/maximum unsere Übersicht an.

www.alexrusch.com/maximum

Für alle, die es wirklich ernst meinen mit ihrem geschäftlichen und persönlichen Erfolg.

Gipfelstürmer
www.alexrusch.com/gipfel
Stufe 4

Rusch Round Table
www.alexrusch.com/roundtable
Stufe 3

Alex Rusch Inner Circle
www.inner-circle.ch
Stufe 2

Erfolgsturbo-Abo
www.noch-erfolgreicher.com/turbo
Stufe 1

Wochenlektionen für Unternehmer und Selbstständige

Dieses Angebot ist ausschliesslich für Unternehmer, Selbstständige und zukünftige Start-up-Gründer bestimmt. Für diese ist es aber hochinteressant und geradezu ein Muss.

Die Teilnehmer erhalten einmal pro Woche eine Wochenlektion, die mit einem Zeiteinsatz von nur 15 Minuten pro Woche bewältigt werden kann. Das Besondere und Einzigartige dabei ist, dass sie aus drei Elementen besteht, nämlich:

Element 1: Ein kurzer Beitrag auf Video, aufwendig gedreht auf Mallorca (meist nur zwei bis drei Minuten pro Woche)

Element 2: Ein Audio-Beitrag, aufgezeichnet in entspannter Atmosphäre auf Fuerteventura, auf Teneriffa und in Seengen am Hallwilersee (Spieldauer 5 bis 10 Minuten pro Woche)

Element 3: Ein Hotsheet in Form eines PDF-Dokuments, das meist nicht länger als eine oder zwei Seiten ist und sowohl als Gedächtnisstütze wie auch zum Nacharbeiten dient.

Unter www.wochenlektionen.com können Sie dieses einzigartige Weiterbildungsmittel 4 Wochen lang kostenlos testen.

Ein Tag des geschäftlichen oder persönlichen Durchbruchs

Nach amerikanischem Vorbild gibt es bei uns ab sofort für jährlich zwölf Klienten die Möglichkeit, einen »Tag des persönlichen oder geschäftlichen Durchbruchs« mit Alex S. Rusch zu buchen. Wie so oft liessen wir uns von einem in den USA gebräuchlichen Modell anregen, haben das Konzept jedoch entscheidend weiterentwickelt.

Die Klienten, welche die Mindestanforderungen erfüllen und diesen »Tag des persönlichen oder geschäftlichen Durchbruchs« buchen, bringen ihr Leben und/oder ihre Firma an diesem Tag auf eine ganz neue Ebene. Es soll, wie der Titel schon sagt, ein Durchbruch stattfinden.

www.alexrusch.com/durchbruch

»Hochwirksame Marketing-Strategien für Top-Resultate«

von und mit Alex S. Rusch

Ausführliche Informationen unter:
www.erfolgreichesmarketing.com

Weitere Alex-Rusch-Erfolgspakete

- **»Noch erfolgreicher! als Unternehmer«**
  von Alex S. Rusch

- **»Noch erfolgreicher! mit Gesundheitsstrategien«**
  von Alex S. Rusch, Burkhard Sieper, Dr. Michael Eisenmann und Prof. Hademar Bankhofer

- **»Noch erfolgreicher! mit aktivem Vertrieb«**
  von Alex S. Rusch und Nick Seebacher

- **»1 + 1 = 11 … Das Braintrust-Prinzip«**
  von Alex S. Rusch

- **»Tue im Leben, was du wirklich willst«**
  von Alex S. Rusch und Ferris A. Bühler

Informationen unter www.ruschverlag.com

Rusch TV

Das Internet-TV-Portal der Rusch-Firmengruppe mit lehrreichen, motivierenden und auch aufrüttelnden Beiträgen über alle Gebiete des Erfolgswissens.

Sie finden hier Sendeformate wie »Rusch Aktuell«, »Rusch Talk«, »Die Rusch Erfolgstipp-Show«, »Noch erfolgreicher! Talk« und einiges mehr.

www.rusch-tv.com

»Noch erfolgreicher!« – *die* Zeitschrift für erfolgreiche Firmen, die noch erfolgreicher werden wollen.

www.noch-erfolgreicher.com

Meine grössten Aha-Erlebnisse bei und nach dem Lesen dieses Buches

- _____

- _____

- _____

- _____

- _____

- _____

- _____

- _____

- _____

- _____